Elmar Altvater
Marx neu entdecken

Elmar Altvater ist Professor i.R. für Politikwissenschaft. Er arbeitet im Wissenschaftlichen Beirat von Attac. Letzte Buchveröffentlichung: *Der große Krach* oder die Jahrhundertkrise von Wirtschaft und Finanzen, von Politik und Natur, Münster 2010.

Elmar Altvater

Marx neu entdecken

Das hellblaue Bändchen zur Einführung in die Kritik der Politischen Ökonomie

VSA: Verlag Hamburg

www.vsa-verlag.de

Druck- und Buchbindearbeiten: freiburger graphische betriebe
ISBN: 978-3-89965-499-8

Inhalt

Achtung! Marx kommt wieder

Fritz Reheis erinnert die Leser seines 2012 erschienenen Buches über Marx an Norbert Blüms Zuruf an die Danziger Werftarbeiter im Jahre 1989 »Marx ist tot, Jesus lebt!« (Reheis 2012: 9). Reheis weiß es natürlich besser, wie er im Titel des Buches verkündet: »Wo Marx recht hat«. Und so möchte man Norbert Blüm mit Ernst Jandl zurufen »Werch ein Illtum«. Viele derjenigen, die nach dem Ende des real existierenden Sozialismus den »Sieg im Kalten Krieg« feierten und das »Ende der Geschichte« bejubelten, Marx wie einen toten Hund behandelten und auf den postmodernen Putz hauten, kommen inzwischen eher zerknirscht, zumindest aber nachdenklich daher. Zum Beispiel Klaus Schwab, immerhin der Chef des Weltwirtschaftsforums in Davos. Er stellt dessen Geschäftsmodell infrage, wenn er konstatiert: »Das kapitalistische System passt nicht mehr in die Welt.« (Financial Times Deutschland, 26.1.2012)

Ja, wofür braucht man ein Weltwirtschaftsforum, wo sich die Mächtigen aus Politik, Wirtschaft, Medien zum small und big talk informell über »die beste aller möglichen Welten« zum Besseren der eigenen Geschäfte austauschen können, wenn das kapitalistische Tun nicht mehr in die Welt passt? Da ist den Repräsentanten des kapitalistischen Systems der Optimismus abhandengekommen, der sie von Anbeginn des Systems beseelte. Bernard de Mandeville hatte für den naiven, jedoch geschichtsmächtigen Optimismus, für jene etwa 300 Jahre später vom Chef des US-amerikanischen Federal Reserve Systems, Alan Greenspan, so genannte irrational exuberance, in seiner »Bienenfabel« aus dem Jahre 1714 nur Ironie übrig: Private Laster verwandeln sich unter der Hand in öffentliche Vorteile. Darüber lachten schon damals die Hühner und daran glaubt heute kaum noch jemand. Von der »Effizienzmarkt-These«, dass liberalisierte Finanzmärkte die ökonomische Effizienz und die Wohlfahrt steigern, will kaum noch jemand etwas wissen, denn er oder sie müsste dann auch das Elend der Finanzkrise in Griechenland, Island oder Spanien effizienzmarkttheoretisch deuten können.

Angesichts solcher impliziten Zumutungen wundert es nicht, dass selbst unter dem einen Prozent an Profiteuren der Krise – diese Quantifizierung stammt aus der Occupy-Bewegung und kann auf ihre Stichhaltigkeit nicht überprüft werden – Marx auf Interesse stößt. Dieses kann leicht befriedigt werden, auch wenn nicht darauf verzichtet werden kann, individuelle Anstrengungen der verständigen Lektüre abzuverlangen.

Wie man sich Marx wohl eher nicht aneignen kann, protokolliert Gideon Rachman, außenpolitischer Kommentator der britischen Financial Times, in seinem Buch mit dem bemerkenswerten Titel »Nullsummenwelt«. Er schreibt von Frankreichs konservativem Präsidenten Sarkozy, dass er sich nach der Lehman-Pleite im September 2008 ostentativ bei der Lektüre von Marx' »Kapital« fotografieren ließ. Immerhin betreiben die Mächtigen Koketterie mit Marx, doch wird nicht mitgeteilt, ob der Abgelichtete aus der Lektüre gelernt hat. Auch der deutsche Finanzminister der Großen Koalition, Peer Steinbrück, fand am »Abgrund« des Finanzdesasters 2008 auf einmal »gewisse Teile von Marx' Denken gar nicht so schlecht« (Rachman 2012: 14). Man hat sich also 1989 von Marx verabschiedet, aber 20 Jahre später kommt Marx wieder und erregt das neugierige Interesse der Herrschenden, die er so theoretisch machtvoll zu seiner Zeit kritisiert hat. Wenn das kein Anlass ist, das Werk des einst Verfemten neu zu entdecken!

Möglichkeitssinn

Nach dem Fall der Berliner Mauer, dem Verschwinden der Sowjetunion, und der von Norbert Blüm bezeugten Wiederauferstehung Jesu publizierte die konservative »Frankfurter Allgemeine Zeitung« im Winter 1992/93 eine Serie von Artikeln unter dem Titel »What's Left?«. Von der Linken schien nichts geblieben zu sein, eine Besichtigung ihrer Reste schien angebracht. 20 Jahre später jedoch werfen einer der Herausgeber der »Frankfurter Allgemeinen Zeitung«, Frank Schirrmacher, und sogar der Biograf Margret Thatchers, Charles Moore (auf den sich Schirrmacher ausgiebig bezieht) angesichts der schweren Krise des Kapitalismus die Frage auf, ob die Linke mit ihrer Kritik an der kapitalistischen Gesellschaft nicht vielleicht doch recht habe (Frank

Schirrmacher in der FAZ vom 15.8.2011 und vom 1.11.2011). Francis Fukuyama, der nach dem Zusammenbruch der real-sozialistischen Systemalternative im Jahre 1989 triumphierend das »Ende der Geschichte« verkündete, zitiert unter dem Eindruck der kapitalistischen Krise zustimmend den »Newsweek«-Titel vom 6. Februar 2009: »We Are All Socialists Now«. So etwas aus dem Land der Tea Party! Erneut Ernst Jandl: »Werch ein Illtum!« Die mit Billionen-Beträgen intervenierenden Staaten nehmen das viele Geld ja nur in die Hand, um die Banken und andere Spekulanten vor der Pleite zu bewahren. Der Staat wird ins Spiel geholt, weil er noch über Kassen verfügt, die nicht verspekuliert worden sind. Das sind die Steuergelder der Millionen, die genutzt werden, um das eine Prozent der Millionäre und mit ihnen das kapitalistische System vor sich selbst zu retten, um allfällige sozialistische Neigungen unter den 99 Prozent der so genannten Mehrheitsgesellschaft zu unterbinden. »We are all socialists now« ist als Ankündigung von Maßnahmen in Richtung Sozialstaat oder gar Sozialismus ein grandioses Missverständnis. Dieses hat der CSU-Mann Ramsauer, seines Zeichens Bundesbauminister, bereits in rüder Weise korrigiert, als er vorschlug, das Marx-Engels Denkmal in Berlin-Mitte in »so eine Art sozialistisches Restezentrum« zu entsorgen.

Doch besagt der Hinweis Fukuyamas immerhin, dass das »Ende der Geschichte« keineswegs das Ende von allem ist. In der gegenwärtigen Gesellschaft stecken noch viele nicht ausgeschöpfte Potenziale, auf die man stößt, wenn man dem »Möglichkeitssinn« (Robert Musil) Entfaltungsspielraum gewährt und Neugier bewahrt. Die Möglichkeiten zu verwirklichen ist eine Aufgabe der politischen Praxis. Ihr geht die theoretische Analyse voraus, mit der das »Bewegungsgesetz der modernen Gesellschaft«, wie Karl Marx im Vorwort zum ersten Band des »Kapital« schreibt (MEW 23: 15f.), erkannt werden soll. Die Welt verändert sich durch die gesellschaftliche Praxis, zu manchen Zeiten sehr schnell, sodass die theoretische Analyse ebenfalls schnell mithalten muss. Gelingt ihr das nicht, veraltet sie und befindet sich irgendwann nicht mehr auf der Höhe der Zeit, wird langweilig weil nichtssagend.

Daraus können zwei Schlüsse gezogen werden. Erstens ist eine Theorie nie fertig, an ihr muss daher immer gearbeitet werden, so wie in den Dombauhütten gotischer Kathedralen, die seit Jahrhunderten Baustellen sind und das Bauwerk reparieren, schützen und behutsam weiter entwickeln. Auch das Marxsche Werk ist eine Art »Bauhütte«. Wenn nicht am Werk weitergearbeitet wird, verfällt es. Die Marxsche Theorie ist lebendig, wenn sie praktiziert wird, und sie würde sterben, wenn sie in den blauen Bänden in Bücherregalen verstaubt. Daher ist es zweitens nicht ratsam, große Theorien wie die von Marx in der »Mottenkiste des 19. Jahrhunderts« zu verstauen. Angesichts des »inhumanen Charakters« des modernen Kapitalismus, so der Verfassungsrechtler und Bundesverfassungsrichter (von 1983 bis 1996) Ernst-Wolfgang Böckenförde, und einer Finanzwelt, die nach dem Zusammenbruch der Bank Lehman Brothers im September 2008 in Trümmern lag und aus den Ruinen nur auferstehen kann, indem die Staaten in den von ihnen zu verantwortenden Schlamassel hineingezogen werden, musste der museal entsorgte Theoretiker des »wissenschaftlichen Sozialismus« rehabilitiert werden. Böckenförde ist daher der Auffassung, dass man sich »der Aktualität der Prognose von Marx nicht entziehen« könne (Süddeutsche Zeitung vom 14.4.2009). Der Begriff der Prognose ist möglicherweise als eine Art Extrapolation aus der Vergangenheit in die Zukunft missverständlich. Denn die Gegenwart würde vergessen, in der die Menschen handeln und in und mit ihrer Praxis erst das Mögliche aus den versteinerten Verhältnissen heraushauen. Wer eine Prognose macht oder auch einen Plan, der oder die ist dann auch, wie Bertolt Brecht sagt, für das Zustandekommen, für die Verwirklichung des Möglichen verantwortlich.

Konkrete Utopien, der Explex und Serendipität

Das neue Interesse des profitierenden und herrschenden einen Prozent an Marx und seiner Theorie, das heißt, an seiner Kritik der Politischen Ökonomie kann daher durchaus als Herausforderung für die restlichen 99 Prozent verstanden werden, auf Entdeckungsreise zu gehen. Doch gilt es nicht nur, Marx' Kritik der Politischen Ökonomie »neu zu entdecken«, wie es im Titel dieses Büchleins heißt. Marx hat »Das Kapital« auch als ein »Wurfgeschoss« in den politischen Auseinandersetzungen verstanden, als das »furchtbarste Missile, das den Bürgern (Grundeigentümer eingeschlossen) noch an den Kopf geschleudert worden ist.« So schreibt Marx in einem Brief vom 17. April 1867 an Johann Philipp Becker in Genf (MEW 31: 541). Michael Heinrich (2008) unterstreicht, dass dieser praktisch-politische Anspruch, der von Selbstbewusstsein zeugt und zugleich die Drohung enthält, die gewonnenen Erkenntnisse politisch zu nutzen, nichts am wissenschaftlichen Ethos von Marx änderte. Marx argumentierte gewissermaßen wie später Niklas Luhmann: Im System der Wissenschaft gelten Regeln und Kommunikationsmedien, die nicht diejenigen des politischen oder ökonomischen Systems sind und an die sich alle, die sich wissenschaftlicher Methoden bedienen, halten müssen. Er hatte deshalb für jemanden wie »den Pfaffen« und Plagiator Robert Malthus, »ce misérable« nur Verachtung übrig: »Einen Menschen ..., der die Wissenschaft einem nicht aus ihr selbst (wie irrtümlich sie immer sein mag), sondern von außen, ihr fremden, äußerlichen Interessen entlehnten Standpunkt zu akkommodieren sucht, nenne ich ›gemein‹.« (MEW 26.2: 112)

Die Kritik der Politischen Ökonomie muss im doppelten Sinne, als ein wissenschaftliches System zum Verständnis des Komplexes von Wirtschaft, Gesellschaft und Politik in der kapitalistischen Gesellschaftsformation verstanden werden und zugleich die Praxis der Gesellschaftsveränderung stärken. Allerdings benötigt die gesellschaftsverändernde Praxis auch Zielvorstellungen, die sich nicht allein aus dem Analysierten ergeben, dessen Gegenstand immer in der Zeitstrecke zwischen Vergangenheit und Gegenwart entstanden ist. Es bedarf auch konkreter Utopien. Konkret ist die Utopie, wenn das Zukünftige machbar ist, wenn dieses in der Zeitstrecke von der Gegenwart bis in nahe oder ferne *Zukünfte* (im Plural) geschaffen werden kann, weil es in der gesellschaftlichen Wirklichkeit enthalten ist. Das Implizierte wird expliziert – vom »Implex« (Dath/Kirchner 2002) zum »Explex«.

Das darf man sich nicht als ein vorweg geplantes Vorhaben, fast wie ein Komplott vorstellen. Einer der Begründer der US-amerikanischen funktionalistischen Soziologie, Robert King Merton, hat es – ein persisches Märchen über die wundersamen Entdeckungen der drei Prinzen von Serendip, dem heutigen Sri Lanka, aufgreifend – als »Serendipität« bezeichnet, wenn man etwas sucht, von dem man weiß, dass es da ist, aber etwas findet, von dem man nicht wusste, dass es existiert, über das man aber froh ist, es gefunden zu haben. Das ist eine alltagsweltliche Erfahrung: Man sucht die Ostereier im Garten, aber findet sie nicht, weil sie gut versteckt sind, stößt aber bei der Suche unerwartet auf eine verloren geglaubte Armbanduhr. Oder man sucht eine Information im Internet, wird aber nur auf Websites geführt, die unerheblich für die gesuchte Information sind, dafür aber neue, überraschende Erkenntnisse ermöglichen, nach denen man gar nicht gesucht hat. Serendipity ist auch die »glückliche Fundsache«, von der in der Regulationstheorie die Rede ist. Komplementarität und Konsistenz der Bestandteile einer komplexen Gesellschaft ist nur als Konsequenz einer Konstellation glücklicher Zufälle möglich (vgl. Lipietz 1985: 115). Die konkrete Utopie ist also kein Derivat der gegenwärtigen Verhältnisse. Sie birgt Überraschungen, die sich als »glückliche Fundsache« herausstellen können.

So wie die neue Wertschätzung von Marx sich den Krisen und den dabei gemachten bösen Erfahrungen der ein Prozent verdankt, ist bei den 99 Prozent die Wiederbelebung des Interesses an Marx und die Bildung von Kapital-Lesekreisen, um das Hauptwerk von Marx, »Das Kapital« zu studieren und zu diskutieren, politischem Interesse geschuldet. Um dieses zu befriedigen, werden Universitätsseminare gefordert und manchmal im normalen Studienbetrieb, manchmal autonom auf studentische Initiative hin organisiert, in denen »Das Kapital« zum Lesestoff gehört, weil Studenten sich nicht nur mit der herrschenden neoliberalen Theorie vollstopfen lassen, sondern die ganze Breite der politischen Ökonomie zur Kenntnis nehmen und sich zur Kritik der Politischen Ökonomie »emporarbeiten« wollen. Die Lektüre des »Kapital« sollte nicht nur philologische Veranstaltung sein, sondern einen Erkenntnisgewinn zur Analyse der aktuellen Krisentendenzen und zum theoretischen und zugleich praktischen Begreifen der Möglichkeiten, die in der gesellschaftlichen Wirklichkeit angelegt sind, vermitteln. Die Explikation hat also zwei Seiten, zum einen die begriffliche Entfaltung, manchmal auch die Ableitung jener Kategorien, mit denen wir uns in der gesellschaftlichen Dynamik »verorten« können, zum anderen die praktische Explikation des »noch« Utopischen aus dem »schon« in der Wirklichkeit der komplexen Gesellschaftsformation des Kapitalismus Implizierten.

Die Analyse der gesellschaftlichen, der ökonomischen und politischen Entwicklungstendenzen, ihrer Widersprüche, Krisen und Konflikte ist also notwendig, und wir brauchen dazu Begriffe, die auch für die politische Praxis taugen. Das ist ein Grund, warum in diesem Büchlein aktuelle politische Themen aufgegriffen und mit den Kategorien der Kritik der Politischen Ökonomie interpretiert werden. Die Marxsche Begrifflichkeit taugt, wenn man sie kritisch auf das gegenwärtige Denken bezieht, für die aktuelle Analyse der Finanz- und Wirtschaftskrise, des Verhältnisses von realer Akkumulation und scheinbar verselbstständigten Finanzmärkten, der Veränderungen der Arbeit und der Geschlechterverhältnisse heute, der Rolle des Bildungs- und Ausbildungssektors in modernen Gesellschaften, der Krise des gesellschaftlichen Naturverhältnisses, der Funktionsweise des Weltmarktes, der Rolle des Staates im kapitalistischen Reproduktionsprozess und im Prozess der gesellschaftlichen Herrschaft oder der Perspektiven eines »grünen Sozialismus«. Es wird gezeigt, dass Böckenförde recht hat mit seinem Urteil, man könne sich der Aktualität der Prognose von Marx nicht entziehen. Der Erkenntnisgewinn bei der »konkreten Analyse konkreter Verhältnisse« (Einleitung zu den »Grundrissen der Kritik der Politischen Ökonomie«: 21-29) und die Kraft zur Formulierung politischer Strategien und zur Befähigung politischer Praxis sind beträchtlich.

»Nichts ist praktischer als eine gute Theorie«

Dieses Wort wird Immanuel Kant zugeschrieben. Die Marxsche Theorie ist im Kantischen Sinn eine gute Theorie. Sie befördert das Verständnis von der Funktionsweise der kapitalistischen Produktionsweise, ist aufklärerisch, weil sie der »selbstverschuldeten Unmündigkeit« entgegenwirkt, und sie beflügelt die politische Praxis. Daher ist es mehr als gerechtfertigt, wenn »Das Kapital« und andere Schriften von Karl Marx und Friedrich Engels neu aufgelegt werden und die Arbeit an der MEGA fortgesetzt wird, auch wenn der Preis der einzelnen Bände der Gesamtausgabe prohibitiv hoch ist, sodass sich noch nicht einmal alle Universitätsbibliotheken eine MEGA, also die tiefblauen Bände der Marx Engels Gesamtausgabe leisten. Daher möchte das »hellblaue Bändchen zur Einführung in die Kritik der Politischen Ökonomie« die Aneignung der Marxschen Theorie unterstützen; es kann die Lektüre der Marxschen Schriften jedoch nicht ersetzen.

Es wendet sich an Menschen, die an Kapital-Lesekreisen teilnehmen oder dies vorhaben. Marx ist nicht immer leicht zu verstehen, insbesondere die ersten Kapitel des ersten Bandes des »Kapital« bereiten Schwierigkeiten. Die können auch didaktische Einführungen in die Marxsche Theorie insgesamt oder in seine »Kritik der Politischen Ökonomie« nicht verändern. Ich selbst habe vor Jahren unter Berücksichtigung der Erfahrungen aus vielen Universitätsseminaren zur »Kritik der Politischen Ökonomie« den Versuch gemacht, die sehr komplexe Argumentation im ersten Band des Kapital in Flussdiagrammen darzustellen und zu erläutern. Herausgekommen ist ein Gemeinschaftswerk von Michael Heinrich, der eine kommentierte Literaturliste zur Kritik der Politischen Ökonomie beisteuerte, von Rolf Hecker, der über die Entstehungs-, Überlieferungs- und Editionsgeschichte der ökonomischen Manuskripte und des »Kapital« geschrieben hat, und von mir. Ich habe die Marxsche Argumentation im ersten Band des »Kapital« dargelegt, bin also seiner Disposition des »kunstvoll gegliederten Ganzen« gefolgt und habe Schaubilder mit dem in den 1990er Jahren verfügbaren äußerst simplen Grafikprogramm »Snapgrafx« angefertigt, die von Petra Schaper-Rinkel auf einer zum Buch mitgelieferten CD-ROM mit dem »Kapital« verlinkt worden sind, sodass es möglich war, von der Interpretation schnell zum Original zu schalten und zurück.

Inzwischen gibt es grafisch eleganter gestaltete Einführungen, etwa das powerpoint-gepowerte Bildungsmaterial »Polylux-

Marx«, das von einem Team der Rosa Luxemburg-Stiftung 2012 ausgearbeitet worden ist (www.polyluxmarx.de). Das ist didaktisch nützlich, aber die Arbeit am Text des »Kapital«, das betonen die Autorinnen, kann es natürlich nicht ersetzen. Die Kapitallektüre ist nur dann erfolgreich und weiterführend, wenn sie durch Fragestellungen aus der politischen Praxis angeregt wird. Und umgekehrt, Erfahrungen in der politischen Praxis können nur im Lichte der Theorie gedeutet und bewertet werden. Die Marxsche Theorie ist dabei besonders wichtig, aber sie ist nicht der alleinige Bezugspunkt.

Marx verfolgte, wie er im Vorwort zum »Kapital« schreibt, die Absicht, das »Bewegungsgesetz der modernen Gesellschaft« zu ergründen. Dazu hat er umfangreiche Literaturstudien betrieben und fremde Sprachen gelernt (neben dem Englischen und Französischen auch italienisch und russisch), um Texte im Original lesen zu können. Auch empirische Forschung war ihm nicht fremd. Allerdings hat er kein originäres oder »Primärforschungsprojekt« mit eigener Datenerhebung und -verarbeitung durchgeführt, sondern sich in seinen Studien im »British Museum« auf Parlamentsberichte und gut recherchierte Artikel sekundär-analytisch gestützt, z.T. aus »bisher noch nicht benutzten amtlichen Quellen« (Brief an Sigfrid Meyer in New York, MEW 31: 542). Er hat im Britischen Museum das Denken seiner Zeit studiert. Er hat auf manche seiner Zeitgenossen polemisch reagiert, auf einige auch mit Verachtung herabgeblickt. Doch Kritik muss, auch wenn sie polemisch oder herablassend ist, genau sein. Sie muss stimmen, sonst zählt sie nicht.

Rupfen und raufen

Diese Ernsthaftigkeit, diese Leidenschaft der Marxschen Kritik waren und sind nicht selbstverständlich. Aus der Lektüre von marxistischen Publikationen kann daher der Eindruck von Arroganz und Borniertheit entstehen, wenn jeder mit jedem ein Hühnchen wegen textexegetischer Kontroversen zu rupfen hat. Oliver Nachtwey gelangt daher in einem Feuilleton der FAZ (am 18.1.2012) zu dem vernichtenden Urteil über den deutschen Marxismus, er übe sich in »kommunistischer Scholastik« und »zelebrierte dogmatische Liturgien«. Nach 1968 sei zwar in »kreativer Raufmentalität« eine »lebendige Marx-Rezeption« entstanden, die jedoch nach und nach zu einer »esoterischen Philologie« verkümmert sei.

Das ist starker Tobak. In dessen Qualm können Konturen und Feinheiten nur noch verschwommen wahrgenommen werden. Es kann natürlich sein, dass tatsächlich der traditionsreiche, aber trockene Marxismus in Zentraleuropa welk geworden ist und anderswo in Europa oder auf anderen Kontinenten neue Brunnen quirliger Ideen gegraben worden sind, die auch die welken Gewächse von Marxismus und kritischer Theorie in Deutschland bewässern und zum Erblühen bringen. Nachtweys Hoffnung sind neue Ansätze um die in London herausgegebene Zeitschrift »Historical Materialism«. Er unterschätzt dabei die informellen »diskursiven Kanäle« zwischen den Orten marxistischer Debatten, obwohl er sie mit seinem Papierschiffchen herauf und hinunter fährt. Diese Kanäle haben schon längst dafür gesorgt, dass es schwerfällt, einen authentischen britischen, US-amerikanischen, italienischen oder deutschen Marxismus auszumachen. Es gibt viele Marxismen, aber die Pluralität ist kaum mit nationalen Besonderheiten zu ordnen. Zumindest muss man in kontinentalen Größenordnungen denken und Sprachräume unterscheiden.

Dabei weiß jede und jeder, dass die diskursiven Kanäle keine stillen Gewässer sind, auch nicht mit Ebbe und Flut die Fließrichtung ändern, sondern ein eindeutiges Gefälle aufweisen. Es ist aus der Globalisierungsliteratur schon lange bekannt, dass englischsprachige Texte überall in der Welt rezipiert und diskutiert werden, Texte in anderen Sprachen als der *english lingua franca* aber nur partiell und selektiv. Dann kann schon der Eindruck vom weiteren Horizont der einen Kultur und von der verengten Perspektive der anderen entstehen. Berechtigt ist er deswegen aber nicht.

Das sollte auch der vorliegende Text bezeugen. Es handelt sich um eine Artikelserie, die ursprünglich zwischen Frühjahr 2008 und 2011 in der Zweimonatszeitschrift »Marx 21« erschienen ist. Sie wurde von Tobias ten Brink editorisch betreut. Die Artikel durften eine bestimmte Länge nicht überschreiten, mussten daher hier und da gekürzt und manchmal der Kürzungen wegen umformuliert werden. Das war nicht immer ein leichtes Unterfangen, bei dem Tobias ten Brink sehr hilfreich war. Am 8. Kapitel über die »Reproduktion des Arbeitsvermögens« hat Dagmar Vinz mitgewirkt. Es macht einen Unterschied, ob in einer Zeitschrift über mehr als zwei Jahre verteilt einzelne, wenn auch thematisch geordnete Artikel im Zweimonatsrhythmus erscheinen oder zwischen zwei Buchdeckel geklemmt werden und an einem Stück gelesen werden können. Das nun vorliegende hellblaue Bändchen unterscheidet sich daher hier und da von der Artikelserie in der Zeitschrift.

Die Serie wie auch das vorliegende Büchlein folgen einer anderen Ordnung als sonstige Einführungen in das Marxsche Werk. Es wird nicht das Marxsche »Kapital« als Vorlage genommen, um »Das Kapital« in anderen Worten didaktisch aufzubereiten. Es werden vielmehr einige der brennenden Probleme der Gegenwart, insbesondere die Fragen nach Ursachen, Verlauf, Perspektiven und Lösungen der großen Krise aufgeworfen und mit Hilfe der Marxschen Theorie diskutiert und zu beantworten versucht. Man muss dann ähnlich vorgehen wie Marx zu seiner Zeit auch: sich mit den gängigen und auch mit den nicht so bekannten Interpretationen der Krisentendenzen auseinandersetzen. Dabei gilt wie immer: Fehler, Unklarheiten oder Missverständnisse gehen auf des Autors Kappe.

Elmar Altvater
Berlin, April 2012

1. Die Analyse der kapitalistischen Produktionsweise beginnt mit der Form der Ware

Wir beginnen ganz traditionell mit der Formanalyse der Ware. Die Forschung geht der Darstellung voraus. Doch wie das »ungegliederte Ganze«, die »Materialsammlung«, die aus der Forschungstätigkeit hervorgegangen ist, so ordnen, dass die »Bewegungsgesetze« der Produktionsweise erkennbar werden und Handlungsstrategien darauf bezogen bzw. damit begründet werden können? Denn immerhin verfasste Marx »Das Kapital« als eine fundamentale »Kritik der Politischen Ökonomie«. Wie schon in der Einleitung vermerkt wurde, verstand er diese Kritik als »das fürchterlichste missile, das dem Bürger je an den Kopf geworfen« sei – von einem Intellektuellen mit der Mission, seinen Beitrag zur Emanzipation des Proletariats zu leisten. Das war natürlich nur möglich, wenn die Kritik überzeugend ist. Gleichzeitig hatte er aber auch den ästhetischen Anspruch, ein Werk vorzulegen, das »ein kunstvolles Ganzes« sei.

Ware und Stammzelle

In der Forschung werden Fakten und Interpretationen gesammelt, die in der Darstellung in eine Reihenfolge von Argumentationsschritten gebracht werden müssen. In der Einleitung zu den »Grundrissen der Kritik der Politischen Ökonomie« aus dem Jahre 1857 hat Marx diesen Sachverhalt beschrieben und sich für den Weg vom Besonderen zum Allgemeinen entschieden. Denn er war der Auffassung, dass das scheinbar Konkrete sich bei näherer Analyse in immer »dünnere Abstrakta« auflösen könne und am Ende nur »eine chaotische Vorstellung vom Ganzen« bliebe. Das Konkrete ist nämlich konkret nur insofern, als es »die Zusammenfassung vieler Bestimmungen ist, also Einheit des Mannigfaltigen« (Grundrisse: 21f.). Daher gilt es, diese Zusammenfassung vieler Bestimmungen zu identifizieren und Schritt für Schritt zu explizieren.

Deshalb beginnt der erste Band des »Kapital« mit dem Satz: »Der Reichtum der Gesellschaften, in welchen kapitalistische

Produktionsweise herrscht, erscheint als eine ungeheure Warensammlung, die einzelne Ware als seine Elementarform, unsere Untersuchung beginnt daher mit der Analyse der Ware.« (MEW 23: 49) Im Unterschied zu früheren Gesellschaften, in denen die Produktion dem unmittelbaren Ver- oder Gebrauch der Produkte durch die Produzenten vorausging und daher darauf ausgerichtet war, herrscht im Kapitalismus die Warenproduktion für den Markt vor. Die Erwähnung des »Reichtums« ist ein direkter Bezug auf das Werk von Adam Smith aus dem Jahre 1776 über die »Nature and Causes of the Wealth of Nations«: In der kapitalistischen Produktionsweise ist die Erzeugung von Reichtum oder Wohlstand kein Ziel, sondern die Produktion von Waren, die auf den Markt geworfen und gegen Geld getauscht werden können.

Doch wie kann dieser Zusammenhang expliziert werden? Wie geht Marx nach diesem Anfang weiter vor? Der Bogen spannt sich von der Analyse der einzelnen Ware zu den gesellschaftlichen Klassenverhältnissen (im 52. Kapitel des dritten Bandes des »Kapital«). Dies geschieht unter der Annahme, dass in der Besonderheit der einzelnen Ware wesentliche Elemente des Allgemeinen einschließlich der Klassenverhältnisse der »modernen« kapitalistischen Gesellschaft im Keim enthalten sind und daher begrifflich in der Analyse entfaltet werden können.

Diese Methode wird gemeinhin als »dialektisch« bezeichnet. Die moderne Theorie der Fraktale geht ganz ähnlich vor: Alle Makrostrukturen können sich in den Mikroverhältnissen zeigen und umgekehrt. Das ist auch Ausgangspunkt der Stammzellenforschung. Die Komplexität und Verschiedenheit von Körperzellen entfaltet sich aus der embryonalen Stammzelle. Die »Elementarform« des gesellschaftlichen Reichtums, die einzelne Ware, ist so etwas wie die »Stammzelle« der modernen kapitalistischen Gesellschaft. Wie lässt sich die Ware so entschlüsseln, dass das Ganze der kapitalistischen Produktionsweise sich aufspannt und transparent wird? Diese Fragen gestellt zu haben, macht die Marxsche Theorie höchst modern und den simplen eindimensionalen Annahmen des modernen Neoliberalismus in jeder Hinsicht überlegen.

Gebrauchswert und Wert

Zunächst hat jede Ware eine qualitative Seite. Sie ist aus Naturstoffen erzeugter Gebrauchswert, mit dem menschliche Bedürfnisse befriedigt werden können; die Ware ist, wie Marx bemerkt, ein »nützlich Ding« (MEW 23: 49). Man könnte den Nutzen zum Gegenstand der ökonomischen Betrachtung machen, also die Beziehung des einzelnen Individuums zur Güterwelt untersuchen. So geht die subjektive Wertlehre vor, die in der zweiten Hälfte des 19. Jahrhunderts aufkam. Joseph A. Schumpeter spricht vom »methodologischen Individualismus«, der die moderne Wirtschaftstheorie anleite (Schumpeter 1908). Dessen Instrumentarium ist die Marginalanalyse, um individuelle und gesellschaftliche Optima im Verhältnis von Mittel und Zweck, von Kosten und Ertrag, von Aufwand und Nutzen zu konstruieren. Der vereinzelte Robinson, der als Homo oeconomicus konzipiert ist, steht individuell abwägend vor der Welt der Dinge und versucht mit seinem Budget (Zeitbudget oder/und Geldbudget) die maximale Befriedigung der Bedürfnisse zu erreichen.

Unter der Voraussetzung, dass sich alle Akteure in dieser Weise verhalten, kommt es zum Marktgleichgewicht. Denn sie bieten die von ihnen nach rationalen Regeln produzierten Waren an, und zwar umso mehr, je höher der erzielbare Preis auf dem Markt ist. Sie fragen die Waren nach, und zwar umso mehr, je niedriger der Preis ist. Irgendwo finden sich, durch eine »unsichtbare Hand« gesteuert, Angebot und Nachfrage. Der Markt wird geräumt, ein Gleichgewicht ist erreicht. Dies ist nach wie vor der dominante Ansatz der Wirtschaftstheorie des »Mainstream«. Dieser wird heute von der »postautistischen Ökonomie«, nicht immer unter Rückgriff auf die Marxschen Erkenntnisse, wegen des theoretischen Monismus kritisiert (www.paecon.net). Die Kritik ist auch in einem »Memorandum für eine Erneuerung der Ökonomie« vom 13. März 2012 gegen den theoretischen und methodischen Monismus und für mehr Pluralismus in der an Universitäten und in Forschungsinstituten etablierten Ökonomie formuliert.

Marx verfolgt jedoch diese Linie der Analyse individueller Handlungsrationalität und von Marktprozessen aus zwei Gründen nicht weiter. *Erstens* versperrt der individualistische Ansatz des einzelnen rational kalkulierenden Subjekts vor der Welt der Dinge den Zugang zur Erkenntnis des gesellschaftlichen Charakters der praktischen Auseinandersetzung mit dieser verdinglichten Welt. Individuelles Verhalten kann nur in seinem gesellschaftlichen Zusammenhang analysiert werden, und auch das Verhältnis zur Natur ist immer ein »gesellschaftliches Naturverhältnis«. *Zweitens* liefern die stofflichen und energetischen Eigenschaften von Gebrauchswerten »das Material einer eigenen Disziplin, der Warenkunde« (MEW 23: 50), aber die lenke von der Analyse der Gesellschaftsformation und ihrer Dynamik eher ab. Heute sind wir mit einem solchen Urteil vorsichtig. Denn wir wissen um die »planned obsolescence« der uns verkauften Produkte, um den in ihnen versteckten geplanten Verschleiß. Wir wissen auch um Gefahren von Lebensmitteln, von Kinderspielzeug oder elektronischen Geräten für die Gesundheit. Und wir lernen langsam, die Produktzyklen zu beachten: Was geschieht mit dem Schrott, den wir hinterlassen, was kann wie rezykliert werden und welcher Energieaufwand ist dazu nötig?

Zunächst scheint es, als ob die Bedürfnisse der Menschen und die Dinge, mit denen sie befriedigt werden, gesellschaftlich ganz unspezifisch seien. Doch ist dem nicht so. Bedürfnisse, den Hunger zu stillen, können auf ganz unterschiedliche Weise befriedigt werden: mit Fleisch oder vegetarisch, mit Messer und Gabel, Stäbchen oder mit den Fingern. Daher ist Hunger zwar Hunger, »aber Hunger, der sich durch gekochtes, mit Gabeln und Messer gegeßnes Fleisch befriedigt, ist ein andrer Hunger als der rohes Fleisch mit Hilfe von Hand, Nagel und Zahn verschlingt« (Grundrisse: 13). Das Bedürfnis, Licht zu machen und das Dunkel aufzuhellen, kann mit einer Ölfunzel, einer Kerze oder einer Neonröhre und mit vielen anderen Leuchtmitteln befriedigt werden. Also müssen doch wieder Fragen nach der Dynamik des technischen Fortschritts, der ihn treibenden Kraft und deren gesellschaftlicher Begründung, nach den zivilisatorischen Bräuchen und Sitten oder nach der Formung und Verformung individueller Bedürfnisse durch die Werbung der Warenproduzenten gestellt werden.

Der Verweis auf individuelle menschliche Bedürfnisse und stoffliche Eigenschaften der Produkte hilft also nicht weiter, um den gesellschaftlichen Charakter der Produkte zu erfassen. Man muss vielmehr die Warenform der Produkte – wie im ersten Satz des »Kapital« festgestellt – zum Ausgangspunkt der Analyse machen. Das Produkt ist nur Ware, weil es gegen ein anderes für den Austausch produziertes Produkt, gegen eine andere Ware getauscht wird. Die Ware ist oder hat demnach Tauschwert. Der Tauschwert kommt einer Ware nur zu, insofern und weil sich die eine Ware in einem Verhältnis zu einer anderen Ware befindet. Erstere nimmt die relative Wertform an, letztere die von Marx so bezeichnete Äquivalentform. In ihr wird der Wert der zum Tausch angebotenen Ware ausdrückt: Der Tisch – relative Wertform – ist zwei Stühle – Äquivalentform – wert. Die Äquivalentform enthält bereits die Geldform: Der Tisch ist 200 Euro wert. Das Geld ist demnach in der Marxschen Theorie kein erfundenes Medium, sondern in der Form der Ware bereits enthalten. »Der Tauschwert erscheint zunächst als das quantitative Verhältnis, die Proportion, worin sich Gebrauchswerte einer Art gegen Gebrauchswerte einer anderen Art austauschen, ein Verhältnis, das beständig mit Zeit und Ort wechselt. Der Tauschwert scheint daher etwas Zufälliges und rein Relatives, ein der Ware innerlicher, immanenter Tauschwert also eine *contradictio in adjecto*.« (MEW 23: 50f.) Der Wert der Ware ist also als Wertverhältnis der beiden Waren, die getauscht werden, zu betrachten. In jedem einfachen Wertausdruck, so Marx, ist das Geheimnis der Wertform und daher letztlich auch des Geldes bzw. der Geldform enthalten. Diese theoretische Erkenntnis ergibt sich aus der Analyse der Warenform. Sie hat eine politisch bedeutsame Konsequenz. Man kann, anders als das manchmal geglaubt wird, das Geld nicht abschaffen, ohne die Warenform abzuschaffen.

Wenn von Tauschwert gesprochen wird, kann also nicht mehr von der Ware im Singular, sondern nur noch von den Waren im Plural die Rede sein. Wenn aber ganz unterschiedliche Waren gleichgesetzt werden, dann muss in ihnen auch etwas Gleiches enthalten sein: »Der Tauschwert kann überhaupt nur die Ausdrucksweise, die ›Erscheinungsform‹ eines von ihm unterscheidbaren Gehalts sein.« (MEW 23: 51) Was aber ist das Gemeinsame, das die Gleichsetzung der Tauschwerte ermöglicht? Natürlich könnte man sagen, dass jenes Gemeinsame die »Seltenheit«, die »Nützlichkeit« etc. sei. Doch die Seltenheit ist es nicht, die Dinge (und Dienste) tauschbar macht. Sie müssen durch Arbeit aus dem Zustand der Seltenheit in den der tauschfähigen Ware gehoben werden. Die Nützlichkeit ist keine Eigenschaft von Waren, sondern von Produkten oder Dingen, mit denen Menschen Bedürfnisse befriedigen. Also macht die Nützlichkeit ein Ding zum Gebrauchswert. Dieser ist Bedingung dafür, dass Dinge überhaupt Waren werden können, weil nur irgendwie Nützliches getauscht wird. Ist also der Gebrauchswert das Gemeinsame der Waren? Wohl kaum, denn von ihm wird gerade im Tauschprozess *erstens* abstrahiert und *zweitens* ist es nicht die Gemeinsamkeit der Qualität des Gebrauchswerts, die den Tausch veranlasst, sondern das Gegenteil, ihre Verschiedenheit nämlich.

Kann das Gemeinsame die Energie (beispielsweise in Kilowatt-Stunden gemessen) sein, die zur Herstellung des Tauschwerts benötigt wurde? Oder ist es das Ensemble der chemischen Elemente, das das Gemeinsame der Waren und ihres Tauschwerts konstituiert? Doch dieses Gemeinsame würde gerade von der gesellschaftlichen Form des Wertes abstrahieren, die es zu erklären gilt. Denn Energie und stoffliche Elemente sind in jeder Produktionsweise das Gemeinsame, das in allen Produkten steckt. Sie bilden als resultierende Gebrauchswerte »den stofflichen Inhalt des Reichtums, welches immer seine gesellschaftliche Form« (MEW 23: 50). Für Marx ist es daher eine andere Eigenschaft, die das Gemeinsame der Waren verkörpert und den Austausch von Äquivalenten möglich macht: Es ist die Arbeit, die (kapitalistische) Ware produziert; die Gemeinsamkeit der Waren ist ihre Qualität als von Menschen erzeugte »Arbeitsprodukte«. Die Arbeit ist es, die Werte bildet.

Am Anfang ist die Analyse der Ware. Diese führt uns im Wege der begrifflichen Entfaltung zur Analyse der konkreten Verhältnisse des historischen Kapitalismus. Auch wenn der moderne, finanzgetriebene und globalisierte Kapitalismus ganz neue Erscheinungsformen hervorgebracht hat, die zu Zeiten von Marx nicht existierten, sind diese in der Ware als »Zellenform« ebenso enthalten wie in der »Stammzelle« die vielen konkreten Körperzellen, die die Vielfalt der menschlichen Organe bilden. Stammzellenforschung gilt als höchst modern, die Forschung über die ökonomischen Zellenformen des konkreten, modernen Kapitalismus als altmodisch. Dies ist ein Ausdruck von Ignoranz oder auch des »Fetischismus« der Warenwelt, dem auch Naturwissenschaftler erliegen können.

2. Der Doppelcharakter der Arbeit ist der Springpunkt der politökonomischen Analyse

Arbeiten zu müssen ist der Fluch, der der Menschheit seit der Vertreibung aus dem Paradies auferlegt wurde. Aber das Schlaraffenland ist kein Segen. Ohne Arbeit gibt es keine Möglichkeit der Selbstverwirklichung und keinen Gebrauchswert, mit dem menschliche Bedürfnisse befriedigt werden können. Das gilt immer, gleichgültig, wie die Gesellschaft geordnet bzw. geformt ist. Die Kartoffeln, die wir essen, müssen gepflanzt, die Autos, die wir fahren, müssen gebaut, die zu langen Haare müssen geschnitten werden.

Doch geht es nicht um Arbeit schlechthin, sondern um Lohnarbeit in der kapitalistischen Gesellschaft, und die produziert nicht nur Kartoffeln und Autos, also einen nützlichen Gebrauchswert zur Befriedigung von menschlichen Bedürfnissen, sondern Ware für den Austausch. Waren werden für den eigenen Nicht-Gebrauch, also für fremden Gebrauch produziert. In den frühen Schriften aus den 1840er Jahren hat Marx diesen Sachverhalt als »Entfremdung« des Arbeiters (natürlich auch der Arbeiterin) vom Produkt, daher auch vom Prozess, in dem das Produkt produziert wird und von den anderen Produzenten, also von sich selbst bezeichnet. Später hat er in der »Kritik der politischen Ökonomie« die Entfremdung vor allem als Ausbeutung des Arbeiters durch das Kapital analysiert. Denn was dem Arbeiter entfremdet wird, wird zu einem großen Teil vom Kapital angeeignet. Also wird von Marx die Klassenfrage schon zu Beginn der Analyse der Arbeit aufgeworfen.

Form und Substanz der Arbeit

Die Klassenfrage drängt sich nachgerade auf, auch heute. Die einen leben im lichten Wohlstand, die anderen mit Hartz IV, und die sieht man nicht. Aber hinter dem unmittelbar Sichtbaren gibt es die verborgene Welt der sich an der kräuselnden Oberfläche nicht zeigenden Gesetze und Tendenzen, die schwer zu entziffern sind. Notwendig ist dies aber, um den Verhältnissen auf den

Grund zu gehen. Die Schwierigkeit fängt schon damit an, dass der von der Arbeit produzierte Tauschwert ein substanzloses Wertverhältnis sei, wie Marx ausführt. Der Tauschwert kommt einer Ware nur zu, insofern und weil sie sich in einem Verhältnis zu einer anderen Ware befindet. Doch *Halt!* Dies bedeutet nicht, dass die Waren, die da in ein »substanzloses« Verhältnis gebracht werden, nicht doch als handfeste Wertsubstanzen existieren würden. Denn erstens benötigt der Wert den Gebrauchswert als eine Art »Träger« des Wertes, dieser »schultert« sozusagen den Tauschwert. Wer würde schon für eine Ware Geld geben, wenn diese nicht einen Gebrauchswert als Zwiebel, Schuhcreme oder Computer oder was auch immer hätte? Zweitens verleiht die in der Ware einverleibte Arbeit dem Wert Substanz, die in Zeiteinheiten gemessen wird: je mehr Zeit zur Produktion aufgewendet worden ist, desto mehr Wert bringt die Ware in den Tauschprozess, desto größer dann auch der Gegenwert anderer Waren bzw. der Wertäquivalente, letztlich in Gestalt des Geldes.

Das Geld scheint ein perfekter Ausdruck des substanzlosen Verhältnisses zwischen Waren zu sein. Gold und Silber, selbst das Papier haben heute als Geldsubstanzen ausgedient, Geld existiert substanzlos in Bits und Bytes. Und dennoch repräsentiert Geld einen inneren, substanziellen Wert. Dieser ergibt sich aus der Arbeit, die in dem produzierten Wert und damit auch im Geld steckt. Das ist ein Grund, warum im Marxschen System Geld zunächst auch Ware, »Goldware« ist. Sie dient als substanzielles Wertäquivalent im substanzlosen Wertverhältnis. Denn Gold fällt nicht vom Himmel und kann auch nicht wie Papiergeld mit geringem Aufwand gedruckt oder wie elektronische Wertpapiere »originiert« werden.

Warum spielt heute das Goldgeld nicht mehr die Rolle, die es zu Marx' Zeiten innehatte? Marx beginnt ja das dritte Kapitel des ersten Bandes des »Kapital« über »das Geld oder die Warenzirkulation« mit dem Satz »Ich setze überall in dieser Schrift, der Vereinfachung halber, Gold als die Geldware voraus.« (MEW 23: 109) Weil jedoch das Gold als Gebrauchswert viel zu begrenzt ist (in der Natur viel zu selten vorkommt), als dass sein Angebot mit der Grenzenlosigkeit der kapitalistischen Warenproduktion

Schritt halten könnte, wird es in der Tendenz durch wertlose Zeichen des Geldes ersetzt. Also müssen institutionelle Regeln erlassen und gesichert werden, die den innewohnenden Wert des Geldes gewährleisten. Sonst färbt sozusagen die Substanzlosigkeit des Geldverhältnisses auf den Wert des Geldes ab. Diesen zu sichern ist die Aufgabe moderner Zentralbanken. Damit die Form des Wertes und des Geldes gilt, muss die Substanz des Wertes nun politisch gesichert werden. Wenn dies nicht gelingt, haben wir die Geld- und möglicherweise die Finanzkrise.

Dennoch: Arbeit produziert nur Wert und keinen »Unwert«, wenn für die Ware ein gesellschaftliches Bedürfnis, und das heißt unter kapitalistischen Marktbedingungen: kaufkräftige Nachfrage vorhanden ist. Arbeit hat nicht schon dann einen Wert hervorgebracht, wenn die Ware fertig ist. Folglich sind Produktion und Zirkulation gleichermaßen wichtig für das Wertverhältnis. Also vergesellschaftet nicht nur Arbeit. Auch der Tausch auf dem Markt ist Moment der Vergesellschaftung. Denn dadurch findet das produzierte Produkt, also die für den Austausch produzierte Ware, zu ihrem Nutzer. Ohne Arbeitsteilung keine Gesellschaft. Aber deren Form, Widersprüche, Krisen werden durch die Form des Austausches bestimmt, dadurch dass die Produkte lebendiger Arbeit als Waren marktvermittelt zirkulieren.

Das gesellschaftliche Wert- und Geldverhältnis kann natürlich nicht quantitativ gesteigert werden, wohl aber ist dies möglich mit seiner Substanz. Die Wertsubstanz muss produziert werden, daher ist das gesellschaftliche Verhältnis des Werts ohne Rückgriff auf seine Substanz – die Arbeit – nicht zu rekonstruieren. Und da die Produktion in jedem Fall eine Umformung des natürlichen Reichtums in ökonomischen Wohlstand ist, kann dabei vom gesellschaftlichen Naturverhältnis nicht abstrahiert werden. Umgekehrt reproduziert die Arbeit gerade bei der Vergrößerung der Substanz das gesellschaftliche Verhältnis von Wert, Ware und Kapital. Im Reproduktionsprozess, so Marx, reproduziert sich also auch der Arbeiter in seiner untergeordneten Stellung gegenüber dem Kapital; es wird durch Arbeit des Arbeiters das Klassen- und Herrschaftsverhältnis reproduziert – ob er will oder nicht, ob es ihm bewusst ist oder nicht. Das ist einer der Gründe, warum

Marx im »Kapital« nicht den Begriff der Entfremdung, sondern den der Ausbeutung und Herrschaft verwendet.

Die kapitalistische Gesellschaft ist also Arbeits- und Geldgesellschaft. Das Wertverhältnis wird durch Arbeit produziert und reproduziert. Die Produktion erfährt ihren gesellschaftlichen Charakter dadurch, dass sie für den Austausch erfolgt und dass dieser Austausch der Ware (letztlich) gegen Geld tatsächlich gelingen muss. Die Analyse der Wertform der Ware muss also zur Analyse der Arbeit und des Geldes fortschreiten.

Arbeit, Reproduktion und Bildung

Eine andere Schwierigkeit bereitet mehr Kopfzerbrechen. Arbeit ist ja ebenso wenig homogen, wie die individuellen Produzenten gleichartig sind. Doch Arbeit unterliegt allgemeinen Prinzipien der Normung, der Bildung von Standards (»Benchmarking«). Zur Normierung des Arbeitsprozesses sind ganze Heerscharen von Rationalisierungsexperten unterwegs. Auch die Vorgaben der Technik, z.B. die Takte des Fließbandes gestern oder die Imperative von Computerprogrammen heute, sind als Normierungen kaum hinterfragbare Vorgaben für die Beschäftigten. Dies ist auch für die Studierenden wichtig, die ja mit Bolognaprozess, Hochschulinformationssystem, Lernvorgaben, Evaluierungs- und Ratingverfahren zu kämpfen haben. So wird abstrakte Vergleichbarkeit hergestellt. Ohne diese gesellschaftliche Abstraktionsleistung würde niemand auf die Idee kommen, PISA-Studien in Auftrag zu geben.

Der Durchschnitt wird nicht aus der Vielfalt von Arbeiten berechnet, sondern er stellt sich realiter als Ergebnis von Marktprozessen her, auf dem Arbeitsmarkt ebenso wie auf den Warenmärkten. Dort wird für Brötchen nicht deshalb mehr gezahlt, weil ein Bäcker mehr Zeit zum Brötchenbacken benötigt als sein Konkurrent. Die Erfahrung des Bäckers machen heute Arbeiter in der weltweiten Konkurrenz um Löhne, Arbeitszeiten und -intensität. Der Durchschnitt wird abgesenkt aus Gründen der Konkurrenzfähigkeit des »Standorts«. Doch dies ist seit Anbeginn des Kapitalismus so. In Zeiten der Globalisierung geht es aber um einen globalen und nicht mehr um einen lokalen, regionalen oder nationalen Durchschnitt.

In jeder Gesellschaft (zu jeder Zeit) gibt es jedoch einen gesellschaftlichen Durchschnitt, »einfache Durchschnittsarbeit«, von der sich die mehr Bildung verlangenden, komplizierten Arbeiten dadurch unterscheiden, dass sie in der gleichen Zeitstrecke mehr Wertsubstanz bilden. Der gesellschaftliche Durchschnitt ist in Bewegung. Marx bezeichnet Arbeit, in die überdurchschnittliche Bildung vor dem Arbeitsleben oder beim »learning by doing« eingeflossen ist, als »komplizierte Arbeit«. Sie gilt als »potenzierte oder vielmehr multiplizierte einfache Arbeit« (MEW 23: 59). Arbeit ist also nicht homogen. Marx fügt aber hinzu, und dies ist nicht immer wohl verstanden worden, dass das Resultat des Arbeitsprozesses, die Ware nämlich, allen anderen Waren und daher auch den Arbeiten, die sie erzeugt haben, gleichgesetzt wird. Ohne diese Möglichkeit der Gleichsetzung könnten sich die Produkte der unterschiedlich komplizierten Arbeiten nicht auf dem Markt austauschen. Komplizierte Arbeit ist *qualitativ* von einfacher Arbeit nicht verschieden. Sie kann daher *quantitativ* auf einfache Durchschnittsarbeit reduziert werden, auf die physiologische und »produktive Verausgabung von menschlichem Hirn, Muskel, Nerv, Hand usw. ... Dass diese Reduktion beständig vorgeht, zeigt die Erfahrung. Eine Ware mag das Produkt der kompliziertesten Arbeit sein, ihr Wert setzt sie dem Produkt einfacher Arbeit gleich und stellt daher selbst nur ein bestimmtes Quantum einfacher Arbeit dar« (MEW 23: 58f.). Diese Überlegung spielt in moderne bildungsökonomische Ansätze hinein: je höher die Qualifikation, desto höher (in der Regel) der wissenschaftlich-technische Informationsgehalt von Prozess und Produkt und desto wahrscheinlicher auch, dass qualifizierte, komplizierte Arbeit ein Mehrfaches des Wertprodukts der einfachen Durchschnittsarbeit zu produzieren vermag: Wachstum durch Bildung. Doch eine Garantie dafür gibt es nicht.

Konkrete und abstrakte Arbeit: der ökologische Marx

Abstrakte Arbeit bildet im Zuge ihrer Verausgabung (in der Zeit) die Wertsubstanz. Das gesellschaftliche Wertverhältnis ist also keineswegs substanzlos. Zugleich äußert sich Arbeit konkret, sie vergegenständlicht sich in einem konkreten Gebrauchswert, in Bratkartoffeln oder Tablets zum Beispiel. Dieser Doppelcharakter als konkrete und abstrakte Arbeit ist der »Springpunkt ... um den sich das Verständnis der politischen Ökonomie dreht ... Alle Arbeit ist einerseits Verausgabung menschlicher Arbeitskraft ... und in dieser Eigenschaft gleicher menschlicher oder *abstrakt* menschlicher Arbeit bildet sie den Warenwert. Alle Arbeit ist andrerseits Verausgabung menschlicher Arbeitskraft in besonderer zweckbestimmter Form, und in dieser Eigenschaft *konkreter* nützlicher Arbeit produziert sie Gebrauchswerte« (MEW 23: 56-61).

Auch wenn Marx nur sporadisch auf die ökologische Seite der warenproduzierenden Arbeit eingeht, ist der »Springpunkt« in der Politischen Ökonomie und ihrer Kritik einzigartig. Der Mensch kann »nur verfahren, wie die Natur selbst, d.h. nur die Formen der Stoffe ändern. Noch mehr. In dieser Arbeit der Formung selbst wird er beständig unterstützt von Naturkräften. Arbeit ist also nicht die einzige Quelle des stofflichen Reichtums. Die Arbeit ist sein Vater, wie William Petty sagt, und die Erde seine Mutter« (MEW 23: 57f.). Wenn also von »Reichtum« die Rede ist, müssen die Naturbedingungen berücksichtigt werden. Die »Naturblindheit« der Ökonomie entsteht, weil die Produktion des Reichtums in der kapitalistischen Gesellschaft nur zählt, wenn auch Werte erzeugt werden, die auf dem Markt in Geld verwandelt werden können. In der kapitalistischen Gesellschaft wird die Natur in Wert gesetzt, Naturreichtum wird in ökonomischen Wohlstand transformiert – und diese Transformation ist zerstörerisch, weil diese nur möglich ist, wenn der Natur in Wert zu setzende mineralische oder energetische Ressourcen entrissen und die nicht in Wert zu setzenden Ressourcen als Hindernisse der Inwertsetzung zerstört werden, oder wenn die Natur in eingegrenzte Parzellen von Privateigentum verwandelt wird, durch »Enclosures«, die Marx als Landnahme in England in den Zeiten der ursprünglichen kapitalistischen Akkumulation (vgl. 24. Kapitel des ersten Bandes) beschreibt. Die ökonomischen Interessen werden jedenfalls über die natürlichen Reproduktionsbedingungen und Evolutionsprozesse gesetzt.

Der Bezug zwischen Wert- und Geldbeziehungen einerseits und den stofflich-energetischen Prozessen andererseits ist im

Ansatz der Marxschen Theorie also berücksichtigt. Er muss jedoch immer wieder neu entfaltet werden. Dies ist weder in der neoklassischen Ökonomie noch im keynesianischen Kategoriensystem möglich. Hier liegt eine besondere Stärke der Marxschen Theorie, gerade angesichts der ökologischen Herausforderungen heute.

Die »ungeheure Warensammlung«, die Menge der Gebrauchswerte, mit denen menschliche Bedürfnisse befriedigt werden können (nachdem sie geweckt worden sind), ist durch zweckgerichtete oder konkrete Arbeit hergestellt worden. So wie die Gebrauchswerte nützlich sind, muss auch die Arbeit zu ihrer Herstellung nützlich sein. Die Vielfalt der nützlichen Arbeiten (Schneider, Bäcker, PC-Programmierer, Konstrukteure, Lehrer oder Briefboten) ermöglicht eine ebensolche Vielfalt der Gebrauchswerte, die arbeitsteilig erzeugt werden.

Von Produktivität oder Produktivkraft der Arbeit kann man nur mit Bezug auf die konkrete Arbeit sprechen. Denn »dieselbe Arbeit ergibt ... in denselben Zeiträumen stets dieselbe Wertgröße, wie immer die Produktivkraft wechsle. Aber sie liefert in demselben Zeitraum verschiedene Quanta Gebrauchswerte« (MEW 23: 61). Die Produktivität der Arbeit beeinflusst also nicht die Wertgröße der in einer bestimmten Zeit hergestellten Warenmenge. Steigt die Produktivität, ist weniger Zeitaufwand zur Produktion einer einzelnen Ware notwendig. Also sinkt ihr Wert. Das hat weitreichende Folgen. Denn nun können auch die Lebensmittel der Arbeiter billiger werden. Sie benötigen eine kürzere Zeit für ihre eigene Reproduktion und vermögen zusätzliche Mehrarbeit für die Kapitalisten zu leisten.

Was hat dies mit der ökologischen Frage zu tun? In der Regel lässt sich die Produktivität der Arbeit nur steigern, wenn menschliche, also »lebendige« Arbeit durch fossile Energien und die zu ihrer sinnvollen Wandlung benötigten technischen Systeme (durch Maschinerie, durch »tote« Arbeit) ersetzt wird. Diesen Prozess hat Marx im ersten Band des »Kapital« in den Kapiteln über die Produktion des relativen Mehrwerts (MEW 23, IV. Abschnitt) grandios beschrieben. Die Natur wird unweigerlich geschädigt, wenn fossile Energie verbrannt wird. Heute wissen wir dies angesichts von CO_2-Eintrag in die Atmosphäre, Erderwärmung und drohender Klimakatastrophe besser, als es Marx zu seiner Zeit wissen konnte.

Von manchen Ökologen wird heute gesagt, man müsse statt der Produktivität der Arbeit die der Energie steigern, um Umweltprobleme zu bewältigen. Bei Marx kann man lernen, dass eine Steigerung der Produktivität nur möglich ist, wenn *erstens* der Produktionsprozess umorganisiert wird und anstelle von lebendiger Arbeit Maschinerie und fossile Energie eingesetzt werden. Die Steigerung der Produktivität ist also nur möglich, wenn ein Substitutionsprozess – fossile Energie statt biotischer Energie – stattfindet. Dieser verändert das gesellschaftliche Naturverhältnis, weil alle Tempi gesteigert werden können. Das ist die Grundlage der Produktivitätssteigerung: In der gleichen Zeitspanne kann mehr hergestellt werden oder die gleiche Menge von Produkten in kürzerer Zeit. Wenn *zweitens* die »Energieproduktivität« erhöht werden soll, muss daher auch gesagt werden, welche Energieträger die fossilen ersetzen sollen und welches die Wirkungen für die gesellschaftliche Organisation und das Verhältnis zur Natur sein werden. Welche Energiequelle könnte einen ähnlich hohen »energy return on energy invested« haben wie die fossilen Energieträger? Auf diese Frage gibt es bislang keine Antwort. Mit den Verweisen auf Energie- und Stoffeinsparungen hat sich auch Marx im 3. Band des »Kapital« im fünften Kapitel über die »Ökonomie des konstanten Kapitals« auseinander gesetzt (MEW 25: 87-114. Jeder Kapitalist hat das Interesse, den Kapitalvorschuss minimal zu halten, weil so die Profitrate gesteigert werden kann. Doch wirkt dem der »rebound effect« entgegen: Wenn billiger produziert werden kann, wird auch mehr verbraucht. Die Frage ist noch nicht beantwortet, ob ein »post-fossilistischer« Substitutionsprozess im Rahmen der kapitalistischen Produktionsweise möglich ist und ob er diesen nicht bereits sprengt.

3. Warum es zum Crash kommt, wenn monetäre und reale Akkumulation in Konflikt geraten

Kann man mit dem Marxschen »Kapital« die Finanzkrise seit 2008 erklären? Es wäre keine Schande, wenn man mit »nein« antworten müsste, denn immerhin ist das »Kapital« vor mehr als 150 Jahren geschrieben worden. Doch hat Marx den Anspruch formuliert, »die Bewegungsgesetze der modernen Gesellschaft« zu ergründen. Daher hat er das »Kapital im Allgemeinen« begrifflich entfaltet. Auch wenn er viele historische Neuerungen des 20. und 21. Jahrhunderts nicht vorwegnehmen und die abenteuerlichen Finanzinnovationen auf den globalisierten Finanzmärkten nicht erahnen konnte, wird man die Marxschen Kategorien in ihrem theoretischen Kontext auch heute noch gut nutzen können, um die historischen Phänomene der gegenwärtigen Finanzkrise gründlich zu analysieren.

Kapitalistische Gesellschaften, so wurde gezeigt, sind zugleich Arbeits- und Geldgesellschaften. Nun geht es darum, einige Aspekte der Vergesellschaftung durch Geld zu diskutieren. Nicht alle haben Geld. Die Gesellschaft spaltet sich in die, die es haben, und die anderen, die es nicht haben, in die *Haves* und in die *Haves-not*. Geld übt eine »harte Budgetrestriktion« aus, wie es in der modernen Wirtschaftstheorie heißt. Es zwingt zur Erwerbsarbeit, denn nur mit den »Früchten der Arbeit« können die Forderungen, die Geldanlagen darstellen, bedient werden. Der Zwang wird freilich als »Sachzwang« wahrgenommen, so als ob er aus dem Geld und nicht aus der Ordnung einer kapitalistischen Gesellschaft erwachse. Wenn man sich mit Geld beschäftigt, kann man zu falschem Bewusstsein, zu Krisen und gesellschaftlichen Konflikten nicht schweigen.

Fetischcharakter von Ware und Geld

Gehen wir Schritt für Schritt vor. Wir wissen bereits, dass der Tauschwert keine Eigenschaft der einzelnen Ware als Ding ist; er ergibt sich aus dem Verhältnis der Waren zueinander auf dem Markt. Das klingt einfach, ist aber gar nicht leicht zu verstehen. »Eine Ware scheint auf den ersten Blick ein selbstverständliches, triviales Ding«, schreibt Marx. »Ihre Analyse ergibt, dass sie ein sehr vertracktes Ding ist, voll metaphysischer Spitzfindigkeit und theologischer Mucken. Soweit sie Gebrauchswert, ist nichts Mysteriöses an ihr, ob ich sie nun unter dem Gesichtspunkt betrachte, dass sie durch ihre Eigenschaften menschliche Bedürfnisse befriedigt oder diese Eigenschaften erst als Produkt menschlicher Arbeit erhält ...« (MEW 23: 85)

Doch wird die Ware für den Austausch produziert, und im Tausch ist die eine Ware das Wertäquivalent der anderen. Daraus ergibt sich die *Geldform* der Ware. Ihr Wert lässt sich nun in Geld ausdrücken, die Ware erhält einen Preis. »Es ist aber ebendiese fertige Form – die Geldform – der Warenwelt, welche den gesellschaftlichen Charakter der Privatarbeiten und daher die gesellschaftlichen Verhältnisse der Privatarbeiter sachlich verschleiert, statt sie zu offenbaren. Wenn ich sage, Rock, Stiefel usw. beziehen sich auf Leinwand als die allgemeine Verkörperung abstrakter menschlicher Arbeit, so springt die Verrücktheit dieses Ausdrucks ins Auge. Aber wenn die Produzenten von Rock, Stiefel usw. diese Waren auf Leinwand – oder auf Gold und Silber, was nichts an der Sache ändert – als allgemeines Äquivalent beziehn, erscheint ihnen die Beziehung ihrer Privatarbeiten zu der gesellschaftlichen Gesamtarbeit genau in dieser verrückten Form ...« (MEW 23: 90)

Nicht nur die Waren, auch die Warenbesitzer gehen ein gesellschaftliches Verhältnis ein. Sie sind handelnde, auch Handel treibende Subjekte, also, wie man heute sagen würde, Marktakteure. Die Waren können ja nicht allein zum Markt gehen, um sich auszutauschen. Dabei handeln die Warenbesitzer nach vorgegebenen Regeln, spielen als »Charaktermasken« ihre Rollen in einem »Warenwelt-Theater«, auch wenn sie das gesellschaftliche Verhältnis nicht durchschauen. Sie verhalten sich funktional, indem sie Sachzwänge befolgen, die sie selbst gesetzt haben. Das ist der Fetischcharakter der Ware und des Geldes. Beispielsweise erheben sie jenes Material zum Geldstandard, das die funktionalen Erfordernisse der Geldform am besten erfüllt. Daher Viehgeld in Nomaden-Gesellschaften, Muschelgeld in frühen Gesellschaften, Silber- und Goldgeld in denjenigen Gesellschaften, in denen der Warenaustausch zur Regel geworden ist, und Papier- bzw. elektronisches Geld dort, wo das Geld bereits zum bargeldlosen Zahlungsverkehr und zum Kreditgeld fortentwickelt ist, wo der Fetischismus des Geldes seinen höchsten Ausdruck auf globalen Finanzmärkten erlangt hat.

Welche Funktionen hat das Geld?

Die Form des Geldes wird näher bestimmt durch die Funktionen, die es in einer kapitalistischen Gesellschaft ausübt. Bei Betrachtung der Geldfunktionen gibt es so manche vordergründige Übereinstimmung zwischen der Herangehensweise von Marx und derjenigen anderer Autoren: Geld fungiert als Maß der Werte, als Zirkulationsmittel, als Schatz oder »Wertaufbewahrungsmittel«, als Zahlungsmittel oder Kreditgeld.

Doch weist die Marxsche Analyse der Geldfunktionen einige Eigentümlichkeiten auf. *Erstens* ist Marx weitsichtig genug, um eine Funktion hinzuzufügen, die sich aus der Verfasstheit der kapitalistischen Weltwirtschaft ergibt. Das Geld fungiert über die nationalstaatliche Zirkulation hinaus als Weltgeld. Das Wertgesetz, so schreibt er im ersten Band des »Kapital«, wirkt auf dem Weltmarkt in »modifizierter Weise«. Dies ergibt sich schon daraus, dass erst auf dem Weltmarkt die Kategorie des Weltgeldes Sinn macht und Wechselkurse eine Rolle spielen, selbst in einer Goldwährung, so Marx im dritten Band des »Kapital«. *Zweitens* werden die Analyse der Formen, die Handlungs- und Funktionenanalyse in einen gesellschaftlichen Gesamtzusammenhang gebracht, den es in anderen theoretischen Ansätzen nicht gibt. Eine neoliberale Vorstellung, als ob das Geld von einem Hubschrauber in die Zirkulation geworfen würde und dann die abgeworfene Geldmenge die Preise bestimme, kommt Marx nicht in den Sinn; über die »Quantitätstheorie« des Geldes, die zu seiner Zeit ähnliche Ideen pflegte, auch wenn es Hubschrauber noch nicht gab, konnte er sich nur lustig machen. *Drittens* verweist die Analyse der Geldfunktionen auf den Zusammenhang von realer und monetärer Zirkulation. Das Geld wird zum Maß realer Werte und gibt ihnen den Ausdruck des Preises. Das Geld zirkuliert auch die reale Warenwelt, aber kann sich ihr gegenüber auch als Schatz und als Zahlungsmittel verselbstständigen. Dadurch kann der Schein einer Loslösung der monetären Sphäre von der realen Sphäre der Produktion und des Warentausches entstehen. Über Monate und Jahre scheint es so, als ob Aktienumsätze, Wertpapierkurse, Renditen scheinbar unabhängig von irgendwelchen realen Restriktionen wachsen können. Die Finanzmärkte expandieren zeitweise und in einem Tempo, das in der realen Wirtschaft nicht erreicht werden kann.

Doch Raum und Zeit kommen ins Spiel, und damit Geschichte, Entwicklung und Krisen. Niemand muss sogleich und am gleichen Ort das Geld ausgeben, das er oder sie eingenommen hat. Zahlungsketten können unterbrochen werden, wenn den Verkäufen und daraus resultierenden Geldeinnahmen keine Geldausgaben folgen, sondern das Geld für Anlagen auf Finanzmärkten verwendet wird. Es wird verkauft, aber die Einnahmen werden nicht für Käufe auf Warenmärkten genutzt, sondern »aufgeschatzt« oder, was heute eher wahrscheinlich ist, spekulativ angelegt. Dann wird eine Krise möglich. Die Marxsche Geldtheorie ist daher in ihrem Kern auch Krisentheorie.

Viertens führt die Analyse des Geldes methodisch zwingend zu jener Kategorie, die ab dem 4. Kapitel des »Kapital« im Zentrum steht: Geld verwandelt sich in *Kapital.* »...Geld. Dies letzte Produkt der Warenzirkulation, ist die erste Erscheinungsform des Kapitals.« (MEW 23: 161) Die Darstellung macht also den Dreischritt: Ware – Geld – Kapital. Im vierten Kapitel geht es folglich nicht mehr nur um Wert, sondern um die Selbstverwertung des Werts als Kapital. Wenn am Anfang und am Ende der Tauschakte Geld ist, macht dies offenbar nur Sinn, wenn ein quantitativer Zuwachs zustande kommt: Eine vorgeschossene Summe Geldes G bezieht einen Zuwachs g, sodass eine größere Geldsumme G' das Resultat ist: G+g=G'.

Der bisher betrachtete Kreislaufprozess Ware – Geld – Ware findet »Maß und Ziel an einem außer ihm liegenden Endzweck, der Konsumtion, der Befriedigung bestimmter Bedürfnisse. Im Kauf für den Verkauf dagegen sind Anfang und Ende dasselbe, Geld, Tauschwert, und schon dadurch ist die Bewegung endlos

... Geld kommt am Ende der Bewegung wieder als ihr Anfang heraus ... Die Zirkulation des Geldes als Kapital ist ... Selbstzweck, denn die Verwertung des Werts existiert nur innerhalb dieser stets erneuerten Bewegung. Die Bewegung des Kapitals ist daher maßlos« (MEW 23: 166f.). Nicht der Gebrauchswert, sondern der Tauschwert ist Endzweck der Transaktion. »Die Zirkulation des Geldes als Kapital beginnt mit dem Kauf und endet mit dem Verkauf« (MEW 23: 163), und beim Verkauf muss mehr hereinkommen, als beim Kauf ausgegeben wurde. Der objektive Inhalt jener maßlosen Zirkulation wird zum subjektiven Zweck des Kapitalisten. »Er funktioniert als personifiziertes mit Willen und Bewusstsein begabtes Kapital.« (MEW 23: 168) Er folgt einem »absoluten Bereicherungstrieb« (MEW 23: 168). Aus einem begrenzten Bedürfnis wird grenzenlose Gier, die sich auf liberalisierten Finanzmärkten im 21. Jahrhundert so skandalös hat austoben können.

Mehrwert in der Produktion und Bereicherung in der Zirkulation

Es stellt sich aber die Frage, woher der Mehrwert eigentlich stammt. Denn unter der Voraussetzung des Äquivalententausches kann aus einem vorgeschossenen G kein quantitativ größeres G' werden. »Wo Gleichheit ist, ist kein Gewinn«, zitiert Marx den italienischen Ökonomen Ferdinando Galiani aus dem 18. Jahrhundert (MEW 23: 173). Der Geldzuwachs G' scheint zwar aus der Zirkulation oder gar aus der Natur des Geldes zu entspringen. Er kann jedoch nur durch tatsächliche Arbeit im realen Produktionsprozess produziert worden sein. Die Arbeitenden erhalten zwar im Lohn in aller Regel den Wert der Arbeitskraft unter jeweiligen historischen Bedingungen erstattet. Aber der Wert des Produkts ihrer Arbeit liegt darüber. Die Arbeitskräfte leisten Mehrarbeit, sie werden ausgebeutet. Mit der Art und Weise, wie dieser Ausbeutungsprozess organisiert wird und welchen »Bewegungsgesetzen« er unterliegt, beschäftigt sich Marx im weiteren Verlauf des »Kapital«. Der Zuwachs G' des Geldes wird als Mehrwert zum bewegenden Prinzip der sich historisch herausbildenden kapitalistischen Produktionsweise.

Voraussetzung dafür ist, dass der Geldbesitzer als Käufer den Arbeiter als Verkäufer, also die Ware Arbeitskraft, die dann den Mehrwert produziert, auf dem Markt vorfindet. Das historische Subjekt des »doppelt freien Arbeiters« muss »freier Eigentümer seines Arbeitsvermögens, seiner Person sein« (MEW 23: 182). Er darf kein Sklave oder feudaler Leibeigener sein. Andererseits muss der freie Arbeiter auch von Produktionsmitteln frei sein, da er sonst nicht gezwungen wäre, seine Arbeitskraft auf dem Arbeitsmarkt zu verkaufen. »Zur Verwandlung von Geld in Kapital muss der Geldbesitzer also den freien Arbeiter auf dem Warenmarkt vorfinden, frei in dem Doppelsinn, dass er als Person über seine Arbeitskraft als seine Ware verfügt, dass er andrerseits andre Waren nicht zu verkaufen hat, los und ledig, frei ist von allen zur Verwirklichung seiner Arbeitskraft nötigen Sachen.« (MEW 23: 183) Die Freiheit hat also eine positive und eine negative Seite.

Die doppelte Freiheit des Arbeiters ist das Resultat historischer Entwicklung, die später im 24. Kapitel des ersten Bandes des »Kapital« über die ursprüngliche kapitalistische Akkumulation genauer untersucht wird. Auf jeden Fall ist schon hier festzuhalten: »Die ökonomischen Kategorien ... tragen ihre geschichtliche Spur. Im Dasein des Produkts als Ware sind bestimmte historische Bedingungen eingehüllt«, (MEW 23: 183) auch die Gewalt, mit der die kapitalistischen Figuren geformt worden sind. Dies gilt für die Ware, für den Schatz, für das Geld und schließlich für das Kapital und seinen Counterpart, die Arbeitskraft.

Wenn Äquivalente getauscht werden, entsteht kein Mehrwert. Das ist der Kern der oben zitierten Aussage von Galiani. Denn »die Zirkulation oder der Warenaustausch schafft keinen Wert« (MEW 23: 178). Marx zitiert aber Benjamin Franklins Ausspruch »Krieg ist Raub, Handel ist Prellerei« (ebenda). Und tatsächlich hat sich das historische Handelskapital beider Methoden bedient, um aus der Zirkulation den Mehrwert durch Nicht-Äquivalententausch herauszuziehen. Letztlich handelt es sich dabei um eine Form der Enteignung.

Enteignung im finanzgetriebenen Kapitalismus

Hier ergeben sich nun auch für die Analyse des gegenwärtigen »finanzgetriebenen Kapitalismus« wichtige Erkenntnisse. Die Renditen, die auf globalen Finanzmärkten gefordert werden, können real gar nicht produziert werden. Die Finanzinnovationen auf liberalisierten Finanzmärkten haben dazu beigetragen, dass Renditen immer weiter in die Höhe konkurriert worden sind. Sie kommen zeitweise durch Aneignung von Werten in der Zirkulation zustande, durch Ausplünderung. Die Gier von Geldvermögensbesitzern oder von bestimmten Fonds ist so groß, dass rücksichtslos die produktive Basis einer Ökonomie zerstört wird. Diese Tendenz ist mit der Metapher der »Heuschrecke« kritisiert worden. Das ist insofern richtig, als der »absolute Bereicherungstrieb« oder die Gier Akteure auf Finanzmärkten antreibt. Doch muss man dabei wissen, dass sie als Charaktermasken in ihrer Gier kapitalistischen Tendenzen Ausdruck verleihen.

Die Verselbstständigung des Geldes ist nicht nur die Grundlage für die Entkopplung von monetärer und realer Akkumulation im Zuge der Entstehung des globalen Finanzsystems, sondern auch die schon pathologische Entkopplung von Bedürfnisbefriedigung und Bereicherung durch ein Prämien- und Bonussystem, das sogar Grenzen des Anstands niederreißt. Doch diese Entkoppelung findet immer wieder ihre Grenzen in dem real von den Lohnarbeitern produzierten Mehrwert. Es stellt sich heraus, dass das so unscheinbare G', dem man nicht ansieht, woher es stammt, faktisch produziert werden muss, um im Austausch angeeignet werden zu können.

Dies wird von Marx im dritten Band des »Kapital« im 5. Abschnitt über das »zinstragende Kapital« ausgeführt. Die Grundlagen lassen sich bereits in der Analyse der Waren- und Geldform im ersten Band des »Kapital« entdecken. Die Verwandlung des Geldes in Kapital findet in der Zirkulationssphäre statt und sie geht nicht in ihr vor: Durch die Vermittlung der Zirkulation, »weil bedingt durch den Kauf der Arbeitskraft auf dem Warenmarkt. Nicht in der Zirkulation, denn sie leitet nur den Verwertungsprozess ein, der sich in der Produktionssphäre zuträgt.« (MEW 23: 209) Bisher hatten wir es mit der Waren- und Geldzirkulation zu tun und nur bei der Frage nach der Substanz des Wertes auch mit der Arbeit und daher mit dem Produktionsprozess. Nun wird gezeigt, dass die besondere Zirkulationsfigur des Geldes als Kapital (G–W–G') nur verstanden werden kann, wenn dieser Produktionsprozess als Verwertungsprozess von Kapital analysiert wird.

Der Überschuss in der Form des Mehrwerts stammt aus dem Verwertungsprozess, aus der Produktion. Er ist Resultat der Ausbeutung der Lohnarbeit. An diesem unumstößlichen Sachverhalt in der kapitalistischen Gesellschaft bricht sich immer wieder die Verselbstständigung der monetären Sphäre. Aktienkurse und Renditen tendieren zwar dazu, abzuheben und jede Bodenhaftung zu verlieren. Das sind die manischen Zeiten, denen immer wieder die Depression folgt, weil in der Zirkulation des Geldes nicht mehr die Produktionsbedingungen des Mehrwerts berücksichtigt worden sind. Es kommt zum Crash.

4. Krisen – ein wiederkehrendes »Weltmarktsungewitter«

Natürlich, so kann eingewandt werden, ist alles noch viel komplizierter. Vor allem müsse gezeigt werden, wie die Widersprüche des Akkumulationsprozesses des Kapitals sich zu Krisen zuspitzen. Driften nicht, wie Marx zeigte, Produktionskraft und Konsumtionskraft auseinander, und ist in dieser Divergenz nicht der wichtigste Grund der Krisen zu erblicken? Stimmt, aber dadurch wird nicht das falsch, was zu den Finanzkrisen und zu den sie möglich machenden Widersprüchen ausgeführt wurde.

George Soros outet sich als Spekulant. Als solcher bestätigte er in einem Interview im »Stern« (13.7.2008), was wir schon seit geraumer Zeit wissen: Wir stecken »inmitten der tiefsten Finanzkrise seit den 30er Jahren«. Die Krise nach 1929 hat der, heute würde man sagen: »Chefökonom« der Kommunistischen Internationale, Eugen Varga, analysiert und die politischen Folgen aufgezeigt. Das war ein »Weltmarktsungewitter«, wie Marx bereits die Krisen seiner Zeit charakterisierte. Und heute braut sich wieder ein globales Ungewitter zusammen, in dessen Verlauf nicht nur die Finanzmärkte nass werden, sondern der Krisen-Orkan den Immobilienmarkt, die Märkte für Energie und Lebensmittel, aber auch die Staatsschulden und das Währungssystem durcheinander wirbelt. Doch kommen die Krisen der kapitalistischen Produktionsweise nicht wie ein Naturereignis über uns. Ihre Ursachen lassen sich im sozialen und ökonomischen System des Kapitalismus ausfindig machen. Krisen haben gravierende soziale und politische Folgen, das lehrt die großen Weltwirtschaftskrise und die Zeit danach in den 1930er Jahren. Krisenanalyse ist von politischer Relevanz.

Krisen sind die Zuspitzung von Widersprüchen der kapitalistischen Produktionsweise

Eine Kritik der politischen Ökonomie wäre überflüssig, wenn die kapitalistische Entwicklung krisenfrei verlaufen würde. Krise und Kritik stehen in einem engen Verhältnis zueinander, wie der konservative Historiker Reinhart Koselleck zu Recht betonte. Wer die Krise leugnet, braucht sich nicht mit der Kritik anzustrengen. Das ist die Linie der als »bürgerlich« bezeichneten Ökonomen des »Mainstream«, gerade auch an den Universitäten. Die freien Marktkräfte finden ein ökonomisches Gleichgewicht von Angebot und Nachfrage und daher gelten kapitalistische Marktwirtschaften grundsätzlich als stabil und krisenfrei – bis die Realität der Kapitalakkumulation einen Strich durch die Rechnung macht. So wie der heutige Mainstream argumentierte bereits der von Marx als »fade« qualifizierte Ökonom Jean Baptiste Say im frühen 19. Jahrhundert. Die historischen, manchmal desaströsen Krisen (Weltwirtschaftskrise nach 1929, Schuldenkrise der »Dritten Welt« in den 1980er Jahren, Finanzkrise der 1990er Jahre oder Immobilienkrise, Finanz- und Staatsschuldenkrise und Eurokrise heute) werden nicht geleugnet. Aber sie werden vom neoliberalen Mainstream auf vermeidbare wirtschaftspolitische Fehler, unvorhersehbare externe Störungen und historische Kontingenzen, sprich bloße Zufälle oder unglückliche Verkettungen von eigentlich unabhängigen Ereignissen zurückgeführt.

Marx hingegen fragt, warum und wie sich regelmäßig die Widersprüche der kapitalistischen Produktionsweise bis zum krisenhaften Eklat zuspitzen, wie sich die Spannungen aus »dem Widerstreit aller Elemente des bürgerlichen Produktionsprozesses« im »großen Weltmarktsungewitter« einer Krise entladen (MEW 13: 156) und welche Klassenkonstellationen und wie sie so verändert werden, dass der Akkumulationszyklus einen neuen Aufschwung nehmen kann. »Die Krisen«, so schreibt Marx im dritten Band des »Kapital« (MEW 25: 277), »sind immer nur momentane gewaltsame Lösungen der vorhandnen Widersprüche, gewaltsame Eruptionen, die das gestörte Gleichgewicht für den Augenblick wiederherstellen«.

Die Marxsche Kritik der politischen Ökonomie beginnt mit der Ware und ihrer doppelten Erscheinung als Gebrauchswert und Wert. In gesellschaftlich anerkannten Wert wird die einzelne Ware durch den Verkauf verwandelt. Damit verkauft werden kann, muss ein kaufkräftiger Käufer gefunden werden. Doch »Verkauf und Kauf können auseinanderfallen. Sie sind also Krise potentia … Bleibt also, dass abstrakteste Form der Krise (und

Krise potentia

daher formelle Möglichkeit der Krise) die Metamorphose der Ware selbst ist, worin nur als entwickelte Bewegung der in der Einheit der Ware eingeschloßne Widerspruch von Tauschwert und Gebrauchswert, weiter von Geld und Ware enthalten ist.« So schreibt Marx in den »Theorien über den Mehrwert« (MEW 26.2: 510), um fortzusetzen: »... das Auseinanderfallen von Kauf und Verkauf erscheint hier ... so, dass der Verwandlung des einen Kapitals aus der Form Ware in die Form Geld die Rückverwandlung des andren Kapitals aus der Form Geld in die Form Ware entsprechen muss« (MEW 26.2: 511). In einem Brief an Engels bemerkt Marx, »dass das Auseinanderfallen von W-G und G-W die abstrakteste und oberflächlichste Form [ist], worin die Möglichkeit der Krisen ausgedrückt.« (MEW 29: 316)

Daraus folgt, dass zwar im Prinzip die Geldzirkulation stattfinden kann, ohne Krisen hervorzubringen, wenn die Warenmetamorphosen in der arbeitsteiligen Gesellschaft marktvermittelt gelingen, »aber Krisen können nicht stattfinden ohne Geldzirkulation«. (MEW 13: 77), ohne »diese Ineinanderverwachsung und Verschlingung der Reproduktions- und Zirkulationsprozesse verschiedner Kapitalien« (MEW 26.2: 511). Diese Feststellung wird zum Ausgangspunkt aller jener Theorien, die für Krisen die Chaotik der Marktprozesse und die dabei entstehenden Disproportionen verantwortlich machen. Krisen sind in diesem Verständnis eine Folge der kapitalistischen Planlosigkeit.

Doch ist das zu einfach. Denn erstens wird das Geld hier lediglich als Mittel der Zirkulation von Waren betrachtet. In dieser Funktion macht es das Auseinanderfallen von Kauf und Verkauf der Waren und mithin das Misslingen der Warenmetamorphose möglich. Doch ist Geld zweitens auch Zahlungsmittel und daher die Grundlage für den Kredit, ja für das globale Finanzsystem: »... was die aus der Form des Gelds als Zahlungsmittel entspringende Möglichkeit der Krise betrifft, so zeigt sich beim Kapital schon viel realere Grundlage für die Verwirklichung dieser Möglichkeit.« (MEW 26.2: 511) Denn Zahlungsketten können reißen, Kreditnehmer können den Kredit nicht vereinbarungsgemäß zurückzahlen, weil geplante Einnahmen ausfallen, oder sie bekommen Schwierigkeiten, die Zinsen zu zahlen, weil die e zurückgehen. Schon in den grundlegenden Kategorien, re und Geld, ist daher die Möglichkeit der Krise gegeben, weil sich ja die beiden Seiten des Widerspruchs, Ware und Geld gegeneinander verselbstständigen können. Ware und Geld existieren schon lange vor der Heraufkunft der kapitalistischen Produktionsweise, »ohne dass Krisen vorkämen ... Warum also diese Formen ihre kritische Seite herauskehren, warum der in ihnen potentia enthaltne Widerspruch actu als solcher erscheint, ist aus diesen Formen allein nicht zu erklären.« (MEW 26.2: 513) Doch bei Betrachtung der Finanzmärkte kann man nicht nur die Möglichkeit der Krise feststellen, sondern erste Ahnungen von ihrer Realität bekommen.

Produktivkraft versus Konsumtionskraft

Also müssen die wirklichen Krisenursachen im Produktions- und Reproduktionsprozess des Kapitals gesucht werden, auch wenn die Krisen im Zirkulationsprozess und in der scheinbar abgehobenen Geldsphäre erscheinen. Denn hier entscheiden die Akteure unbewusst und nicht abgestimmt darüber, ob alle Käufe und Verkäufe gelingen, ob die gesellschaftliche Arbeitsteilung die Arbeitsproduktivität und mit ihr den Wohlstand der Nationen hebt (wie die Klassiker der Politischen Ökonomie unterstellen), ob und wie sich der Klassengegensatz von Kapital und Lohnarbeit entwickelt, warum es also in zyklischer Regelmäßigkeit (zu Marx Zeiten alle sieben bis elf Jahre) zum Eklat der Krise kommt. Die Methode der Krisenanalyse verlangt also gleicherweise die Erklärung der Ursachen und der Zyklizität der Erscheinung von Krisen, nachdem die Möglichkeit der Krise als Auseinanderfallen von Kauf und Verkauf und als Unterbrechung von Zahlungsketten in der Zirkulation begründet worden ist.

In der kapitalistischen Produktionsweise ist die Rentabilität oder die Profitrate auf das vorgeschossene Kapital die zentrale Steuerungsgröße. Daher gerät die Akkumulation vor allem dann ins Stocken, wenn die Profitrate fällt, insbesondere wenn sie geringer wird als die Zinsen für Kredite und die Renditen auf Finanzanlagen. Das war zu Marx Zeiten weniger wichtig als heute, in Zeiten des globalisierten, finanzgetriebenen Kapitalismus. Es geht also *erstens* um die Verteilung zwischen Arbeitseinkommen und Mehrwert, der aber *zweitens* zwischen Profit und Zinsen (sowie Grundrente) aufgeteilt wird. Das darf man sich nicht als ein Nacheinander vorstellen, so als ob zunächst »der Kuchen« des Sozialprodukts produziert und dann verteilt würde. Die Verteilung ist ein Moment des Produktionsprozesses und sie beginnt schon bei der Verteilung der Produktionsmittel, die sich ganz im Eigentum der Kapitalistenklasse befinden. Das führt Marx bereits in der Einleitung zu den Grundrissen aus: »Die Gliederung der Distribution ist vollständig bestimmt durch die Gliederung der Produktion. Die Distribution ist selbst ein Produkt der Produktion ... Ehe die Distribution Distribution der Produkte ist, ist sie: 1) Distribution der Produktionsinstrumente, und 2) ... Distribution der Mitglieder der Gesellschaft unter die verschiednen Arten der Produktion.« (Grundrisse: 16f.) Krisenprozesse müssen also auch im Produktionsprozess und nicht in der Distribution ausfindig gemacht werden.

Diese Schlussfolgerung fasst Marx im dritten Band des »Kapital« in der wohl am häufigsten zitierten Passage über die kapitalistischen Krisen wie folgt zusammen: »Die Bedingungen der unmittelbaren Exploitation und die ihrer Realisation sind nicht identisch. Sie fallen nicht nur nach Zeit und Ort, sondern auch begrifflich auseinander. Die einen sind nur beschränkt durch die Produktivkraft der Gesellschaft, die andren durch die Proportionalität der verschiednen Produktionszweige und durch die Konsumtionskraft der Gesellschaft. Diese letztre ist aber bestimmt weder durch die absolute Produktionskraft noch durch die absolute Konsumtionskraft; sondern durch die Konsumtionskraft auf Basis antagonistischer Distributionsverhältnisse, welche die Konsumtion der großen Masse der Gesellschaft auf ein nur innerhalb mehr oder minder enger Grenzen veränderliches Minimum reduziert. Sie ist ferner beschränkt durch den Akkumulationstrieb, den Trieb nach Vergrößerung des Kapitals und nach Produktion von Mehrwert auf erweiterter Stufenleiter. Dies ist Gesetz für die kapitalistische Produktion« (MEW 25: 254).

Auf der einen Seite also übt das Kapital Druck auf die Masseneinkommen aus, um die Profite auf Kosten von Löhnen und Gehältern zu steigern; auf der anderen Seite brauchen die gleichen Kapitalisten die Arbeiter als Konsumenten der Waren, denn sonst können sie sie nicht verkaufen. »Jeder Kapitalist wünscht (des Arbeiters) ... Salär möglichst zu beschränken. Er wünscht sich natürlich die Arbeiter der andren Kapitalisten als möglichst große Konsumenten seiner Ware. Aber das Verhältnis jedes Kapitalisten zu seinen Arbeitern ist das Verhältnis überhaupt von Kapital und Arbeit, das wesentliche Verhältnis.« (Grundrisse: 322) Unter den Bedingungen der Profitproduktion geraten also Produktivkraft und Konsumtionskraft in Widerspruch zueinander.

Daran haben sich in der Vergangenheit krisentheoretische Kontroversen entzündet. Denn der Akzent kann auf die mangelnde Konsumtionskraft gesetzt werden. Die Unterkonsumtionstheorie plädiert dann folgerichtig für eine Politik der Nachfragesteigerung, um die Krise überwinden zu können. Dieser theoretische Ansatz hat gerade in der reformistischen Arbeiterbewegung und in Gewerkschaften eine lange Tradition. Doch ist es nach Marx »reine Tautologie zu sagen, dass die Krisen aus Mangel an zahlungsfähiger Konsumtion ... hervorgehn. Andre Konsumarten, als zahlende, kennt das kapitalistische System nicht ... Will man aber dieser Tautologie einen Schein tiefrer Begründung dadurch geben, dass man sagt, die Arbeiterklasse erhalte einen zu geringen Teil ihres eignen Produkts, und dem Übelstand werde mithin abgeholfen, sobald sie größern Anteil davon empfängt, ihr Arbeitslohn folglich wächst, so ist nur zu bemerken, dass die Krisen jedes Mal gerade vorbereitet werden durch eine Periode, worin der Arbeitslohn allgemein steigt ... Es scheint also, dass die kapitalistische Produktion vom guten oder bösen Willen unabhängige Bedingungen einschließt, die jene relative Prosperität der Arbeiterklasse nur momentan zulassen, und zwar immer nur als Sturmvogel einer Krise.« (MEW 24: 409f.)

Auch in der gegenwärtigen Finanzkrise wird man mit Argumenten diese Art konfrontiert. Die Austerity-Politik mit Lohn- und Rentenkürzungen, Schnitten im Sozialsystem und erhöhten Steuern auf Masseneinkommen, Gebührensteigerungen etc. wird von Gewerkschaften und keynesianischen Ökonomen vor allem deshalb kritisiert, weil die kaufkräftige Nachfrage zusammengestrichen wird. Die Krise, zumindest aber deren Verlängerung, ist eine Folge der Austerity-Politik, also der erzwungenen Unterkonsumton. Die Krise wird prozyklisch verstärkt. Das ist durchaus vergleichbar mit den Maßnahmen auf der Grundlage des Konsens von Washington in den 1980er Jahre in der damaligen Schuldenkrise der Dritten Welt. Jörg Asmussen aus dem Direktorium der EZB hat ja deutlich erklärt, dass der IWF neben EZB und EU-Kommission in die »Troika« geholt worden sei, weil er über die Expertise verfüge, wie verschuldete Länder wieder durch brutale Austerity-Maßnahmen schuldendienstfähig gemacht werden können. Der Sachzwang des Geldes wird in der Finanzkrise zum politischen Oktroi, und wo dem Volk seine souveränen Rechte genommen werden, gibt es keine Demokratie mehr. Es zeigt sich also, dass erstens ökonomische Krisen weitreichende politische Auswirkungen haben, und dass zweitens in der Krise die eklatierenden Widersprüche so reguliert werden, dass das grundlegende Herrschaftsverhältnis des Kapitals über die Lohnarbeit erhalten bleibt, auch wenn – technisch betrachtet – die Nachfragesteigerung wirtschaftspolitisch vernünftig wäre.

Die wahre Schranke des Kapitals ist das Kapital selbst

Der Akzent kann auch auf die Überproduktion gelegt werden. Aus der Überproduktionstheorie folgt die Forderung nach Investitionslenkung. Doch in beiden Ansätzen wird jeweils eine Seite eines Widerspruchs hervorgehoben und dabei seine Bewegung im Zuge der Akkumulation von Kapital verkannt. »Der Widerspruch, ganz allgemein ausgedrückt, besteht darin,« so Marx, »dass die kapitalistische Produktionsweise eine Tendenz einschließt, nach absoluter Entwicklung der Produktivkräfte …; während sie andrerseits die Erhaltung des existierenden Kapitalwerts und seine Verwertung im höchsten Maß … zum Ziel hat. Ihr spezifischer Charakter ist auf den vorhandnen Kapitalwert als Mittel zur größtmöglichen Verwertung dieses Werts gerichtet. Die Methoden, wodurch sie dies erreicht, schließen ein: Abnahme der Profitrate, Entwertung des vorhandnen Kapitals und Entwicklung der Produktivkräfte der Arbeit auf Kosten der schon produzierten Produktivkräfte.« (MEW 25: 259) Doch die

»periodische Entwertung des vorhandnen Kapitals« ist ein der kapitalistischen Produktionsweise immanentes Mittel, »den Fall der Profitrate aufzuhalten und die Akkumulation von Kapitalwert durch Bildung von Neukapital zu beschleunigen« (MEW 25: 259f.). Dadurch werden zwar »die gegebnen Verhältnisse, worin sich der Zirkulations- und Reproduktionsprozeß des Kapitals vollzieht«, gestört. Aber »die kapitalistische Produktion strebt beständig, diese ihr immanenten Schranken zu überwinden, aber sie überwindet sie nur durch Mittel, die ihr diese Schranken aufs neue und auf gewaltigeren Maßstab entgegenstellen« (MEW 25: 260).

Die Krisen sind demnach gleichermaßen Zuspitzungen der immanenten Widersprüche der kapitalistischen Produktion, die zeitweise Bereinigung in eben den Krisenprozessen und die Einleitung einer neuen Phase der Akkumulation, die als krisenhafte Zuspitzung kulminiert. So begründet sich auch das zyklische Auf und Ab des Produktionsprozesses, wobei die Länge eines Zyklus vor allem von den Abschreibungszeiten des fixen Kapitals bestimmt wird.

Marx resümiert: »Die wahre Schranke der kapitalistischen Produktion ist das Kapital selbst, ist dies: dass das Kapital und seine Selbstverwertung als Ausgangspunkt und Endpunkt, als Motiv und Zweck der Produktion erscheint; dass die Produktion nur Produktion für das Kapital ist und nicht umgekehrt die Produktionsmittel bloße Mittel für eine stets sich erweiternde Gestaltung des Lebensprozesses für die Gesellschaft der Produzenten sind. Die Schranken, in denen sich die Erhaltung und Verwertung des Kapitalwerts, die auf der Enteignung und Verarmung der großen Masse der Produzenten beruht, allein bewegen kann, diese Schranken treten daher beständig in Widerspruch mit den Produktionsmethoden, die das Kapital zu seinem Zweck anwenden muss und die auf unbeschränkte Vermehrung der Produktion, auf die Produktion als Selbstzweck, auf unbedingte Entwicklung der gesellschaftlichen Produktivkräfte der Arbeit lossteuern. Das Mittel unbedingte Entwicklung der gesellschaftlichen Produktivkräfte – gerät in fortwährenden Konflikt mit dem beschränkten Zweck, der Verwertung des vorhandnen Kapitals. Wenn daher die kapitalistische Produktionsweise ein historisches Mittel ist, um die materielle Produktivkraft zu entwickeln und den ihr entsprechenden Weltmarkt zu schaffen, ist sie zugleich der beständige Widerspruch zwischen dieser ihrer historischen Aufgabe und den ihr entsprechenden gesellschaftlichen Produktionsverhältnissen.« (MEW 25: 260)

Nun gab es im Verlauf der kapitalistischen Entwicklung schwere und weniger schwere Krisen. Man kann zwischen »kleinen« konjunkturellen Krisen, langen Zyklen, »großen« strukturellen Brüchen und gesellschaftlichen Transformationen unterscheiden, zwischen Krisen *innerhalb* der kapitalistischen Produktionsweise und Krisen *der* Produktionsweise. Die Krisen sind auf der einen Seite zerstörerisch. In ihnen wird Kapital vernichtet, gehen Arbeitsplätze verloren, sinken die Masseneinkommen. Denn »Überproduktion von Kapital heißt nie etwas andres als Überproduktion von Produktionsmitteln – Arbeits- und Lebensmitteln –, die als Kapital fungieren können … Es ist kein Widerspruch, dass diese Überproduktion von Kapital begleitet ist von einer mehr oder minder großen relativen Überbevölkerung. Dieselben Umstände, die die Produktivkraft der Arbeit erhöht, die Masse der Warenprodukte vermehrt, die Märkte ausgedehnt, die Akkumulation des Kapitals, sowohl der Masse wie dem Wert nach, beschleunigt und die Profitrate gesenkt haben, dieselben Umstände haben eine relative Überbevölkerung erzeugt und erzeugen sie beständig, eine Überbevölkerung von Arbeitern, die vom überschüssigen Kapital nicht angewandt wird wegen des niedrigen Exploitationsgrads der Arbeit, zu dem sie allein angewandt werden könnte, oder wenigstens wegen der niedern Profitrate, die sie bei gegebnem Exploitationsgrad abwerfen würde. Wird Kapital ins Ausland geschickt, so geschieht es nicht, weil es absolut nicht im Inland beschäftigt werden könnte. Es geschieht, weil es zu höherer Profitrate im Auslande beschäftigt werden kann.« (MEW 25: 266)

Die Krisen sind zugleich eine Art »Jungbrunnen«. Denn die Bedingungen eines neuen Aufschwungs der Akkumulation werden bereitet, die Voraussetzungen für den Anstieg der Profitrate geschaffen. In der Geschichte ist dies häufig geschehen, indem die Einkommensverteilung zu Ungunsten der Lohnabhängigen geändert wurde und indem versucht wurde, die politische Macht zu Gunsten des Kapitals umzuverteilen. Ohne die zerstörerischen Krisen gäbe es also keine Erneuerung des Kapitalismus, keine Reproduktion des Kapitalverhältnisses. Krisen sind demzufolge alles andere als die Vorboten eines Zusammenbruchs. Darauf kann man so lange warten, bis dass die Erde in die Sonne fällt, sagte Rosa Luxemburg. Die Krisen, insbesondere wenn in ihnen die Lebensgrundlagen der Menschen, wie in der gegenwärtigen Ernährungskrise und infolge des der Funktionsweise von kapitalistischer Produktion und Konsumtion geschuldeten Klimawandels, untergraben werden, sind ein Memento; die Zukunft des Kapitalismus ist düster und die Suche nach gesellschaftlichen Alternativen ist dringlich.

5. Ein System, das die »Springquellen allen Reichtums« untergräbt: die Erde und den Arbeiter

Im »Wettbewerb der Systeme« nach dem Zweiten Weltkrieg war hohes Wirtschaftswachstum eine unbestrittene Zielgröße der Wirtschaftspolitik, explizit ausgeführt in Deutschland im Stabilitäts- und Wachstumsgesetz von 1966, und zwar in beiden Teilen der gespaltenen Welt. Krisen schienen der Vergangenheit anzugehören und das »Wirtschaftswunder« bezauberte die Menschen. Auch nach dem Ende des real existierenden Sozialismus in Zeiten der Globalisierung und des Neoliberalismus wird Wachstum vom »wissenschaftlichen Sachverstand« beschworen und in jeder Regierungserklärung wird mehr und höheres, grünes und neues, dynamisches oder nachhaltiges Wachstum versprochen. In Brasilien hat die Regierung einen »Wachstumsbeschleunigungspakt« und in Deutschland der Bundestag ein »Wachstumsbeschleunigungsgesetz« beschlossen. Von wirtschaftlichem Wachstum wird auch die Überwindung der gegenwärtigen Finanzkrise erwartet, denn es sollte möglich sein, aus den Schulden »herauszuwachsen«.

Aber *erstens* könnte dies nur gelingen, wenn die realen Wachstumsraten höher sind als die zu zahlenden Zinsen. Dies aber ist seit der Liberalisierung der Finanzmärkte in den 1970er Jahren nicht der Fall. Den Finanzmarktakteuren sind alle Freiheiten gewährt worden, die Renditen und Zinsen nach oben zu treiben. *Zweitens* aber kommt Wachstum nur zustande, wenn immer mehr Ressourcen verbraucht werden, insbesondere fossile Energie. Davon werden alle Ökosysteme schwer in Mitleidenschaft gezogen.

Das hatte bereits Rahel Carlsons *Ökoreißer* »Der stumme Frühling« aus den frühen 1960er Jahren thematisiert. Doch blieb dies ein eher vereinzelter Mahnruf gegen die ökologischen Zerstörungen, die in den inzwischen vergangenen fünf Jahrzehnten nicht geringer geworden sind. Heute füllen die Naturzerstörungen überall in der Welt die täglichen Fernsehnachrichten. Die Verbrennung fossiler Energieträger hat für das Klima des Planeten

Erde dramatische Folgen. Die Klimaänderungen lassen die Eiskappen der Pole schmelzen, die Gletscherwelt der Hochgebirge verschwindet, Meeresküsten werden überschwemmt und waldreiche Gebiete verwandeln sich in trockene Savannen und manchmal sogar in Wüste. Dass die Folgen der Klimaänderungen nicht nur desaströs, sondern teuer sind, haben die Berichte des Weltklimarats (IPCC) vorgerechnet.

In der ökonomischen Theorie der Wachstumsjahrzehnte wurden die Belastungen der Natur als »externe Effekte« abgehandelt, die vor allem interessierten, weil durch sie die behauptete Rationalität des Preissystems auf Märkten in Frage gestellt war: Denn in den Marktsignalen der Preise waren nicht alle Kosten kalkuliert. Dass Umweltverschmutzung und -zerstörung als »soziale Kosten der Privatwirtschaft« auf die Gesellschaft abgewälzt werden, haben nur wenige kritische Ökonomen zur Kenntnis genommen. Bestenfalls wurden die ökologischen »Spill-overs« in einer »Kosten-Nutzen-Analyse« des Wachstums berechnet. Das Resultat dieser Berechnungen war jedes Mal erschreckend: Die im Akkumulationsprozess des Kapitals verbrauchten natürlichen Ressourcen übersteigen den Zuwachs an Gebrauchswerten, der der Befriedigung der Bedürfnisse dient. Nicht der Wohlstand der Nationen nimmt zu, sondern deren Missstand. Das ist ein Grund für die Entstehung einer weltweiten Umweltbewegung, und deshalb nehmen seit den 1970er Jahren auch Ökonomen vermehrt ökologische Probleme wahr. Inzwischen sind Kommissionen gebildet worden, die sich mit den Grenzen und Kosten des Wachstums auseinander setzen und Vorschläge für alternative Messmethoden des Wachstums erarbeiten.

Auch bei der Lektüre von Marx dürfen heute ökologische Fragen nicht vernachlässigt werden, zumal Marx den Stoffwechsel zwischen Mensch und Natur sehr früh in seinen Schriften aus den 1840er Jahren thematisiert hatte. Denn wenn daran gezweifelt werden muss, dass wir uns auch weiterhin den Naturverbrauch wie in der Vergangenheit leisten dürfen, ohne den Kollaps des Klimasystems zu riskieren, ohne die Biodiversität so zu schädigen, dass die Evolution allen Lebens möglicherweise blockiert wird, muss das gesellschaftliche Naturverhältnis in jeder

Analyse der Widersprüche des kapitalistischen Akkumulationsprozesses Berücksichtigung finden.

Die Naturfrage bei Marx oder der gesellschaftliche Stoffwechsel

Das Interesse daran, was Marx zur Naturfrage zu sagen hatte, war in den 1960er Jahren in aller Regel nicht so groß wie jenes an der Aneignung der Kategorien zur Analyse der Akkumulationsdynamik des kapitalistischen Weltsystems und der Klassenkämpfe. Kein halbes Jahrhundert später ist die »Naturfrage« keine Frage mehr, sondern eine Katastrophensirene, die uns aus der Bequemlichkeit der Ignoranz gegenüber der Natur aufschreckt.

Die Gründe hatte Marx schon zu seiner Zeit deutlich erkannt: Die kapitalistische, großindustrielle Produktionsweise überfordert die Natur ebenso wie die Menschen. Nachhaltiges Wirtschaften, ein Begriff, der zu Beginn des 19. Jahrhunderts in der preußischen Forstwirtschaft aufkam, ist in einer kapitalistischen Gesellschaft nicht möglich. Denn die Akteure, die »Charaktermasken« des Kapitals, die den Akkumulationsprozess in Gang halten, folgen (ob sie es wollen oder nicht) der ökonomischen Rationalität des Profits und nicht den Bedingungen der belebten und unbelebten Natur sowie den Regeln der gesellschaftlichen Reproduktion.

Profite, die die Akteure der kapitalistischen Gesellschaft mehren müssen, werden als »returns to capital«, wie dies im Englischen präzise ausgedrückt wird, verbucht. Der Profit »kehrt« zum Kapital »zurück«, der reversible Kapitalzyklus muss also spiralförmig verlaufen, soll er den eigenen Rationalitätskriterien genügen.

Doch diese Logik des Profits ist nicht die der Natur; in der Natur sind alle Prozesse gerichtet und prinzipiell irreversibel. Das muss auch der »gierigste« Kapitalist zur Kenntnis nehmen, selbst wenn dies schwerfällt. Der Kapitalzyklus hat nämlich zwei Seiten, die wertmäßige, in Geld kalkulierte grenzenlose Spirale und eine stoffliche und energetische Seite. Die Gebrauchswerte, von den Brötchen bis zum Fass Öl, werden produziert, dann konsumiert, und übrig bleibt der Abfall. Das ist der Stoffwechsel aller Aktivitäten im Verhältnis von Mensch und Natur. Die einmal bei der Nutzung von fossiler Energie frei gesetzten Kohlenwasserstoffe zirkulieren in und zwischen den Sphären des Planeten Erde als Treibhausgase und heizen uns gehörig ein.

Naturkreisläufe und ökonomische Kreisläufe sind beide gleicherweise bedeutsam für die gesellschaftlichen Existenzbedingungen, für Produktion und Konsumtion. Während thermodynamisch orientierte ökonomische Theorien die stofflichen Prozesse analysieren, sich also auf die Gebrauchswertseite und die konkrete Arbeit im Arbeitsprozess konzentrieren, rücken sowohl die keynesianische als auch die neoliberale ökonomische Theorie die Werttransformationen bzw. die Preisbewegungen ins Zentrum. Sie sehen vor allem die Tauschwertseite, die abstrakte Arbeit im Verwertungsprozess. Der Marxsche Ansatz ist daher insofern einzigartig, als er anders als Thermodynamik oder Keynesianismus und Neoklassik *beide Seiten* und ihre Widersprüchlichkeit hervorhebt und zu analysieren vermag. Der von Marx so bezeichnete »Springpunkt« der politischen Ökonomie, der Doppelcharakter der Ware als Gebrauchswert und Tauschwert und der Doppelcharakter der Arbeit als konkrete und abstrakte Arbeit erweist sich nun als ein Schlüssel zum besseren Verständnis des gesellschaftlichen Naturverhältnisses.

Die kapitalistischen Destruktivkräfte

Besonders sichtbar wird dies in der Landwirtschaft, wenn sie großindustriell-kapitalistisch betrieben wird. Dies wurde von Marx, dem Theoretiker des Proletariats, klar gesehen. Er verfiel nicht einem Romantizismus des kleinen Eigentums und der bukolischen Landidylle wie viele andere romantischen Industriekritiker, auch solche aus neoliberalem Lager. »Große Industrie und industriell betriebene große Agrikultur wirken zusammen«, schreibt Marx. »Wenn sie sich ursprünglich dadurch scheiden, dass die erste mehr die Arbeitskraft und daher die Naturkraft des Menschen, die letztere mehr direkt die Naturkraft des Bodens verwüstet und ruiniert, so reichen sich später im Fortgang beide die Hand, indem das industrielle System auf dem Land auch die Arbeiter entkräftet und Industrie und Handel ihrerseits der

Agrikultur die Mittel zur Erschöpfung des Bodens verschaffen.« (MEW 25: 821) Denn »die kapitalistische Produktion«, erklärt Marx an anderer Stelle, »entwickelt ... nur die Technik und Kombination des gesellschaftlichen Produktionsprozesses, indem sie zugleich die Springquellen alles Reichtums untergräbt: die Erde und den Arbeiter.« (MEW 23: 530)

Marx war also keineswegs der »Fetischist der Produktivkräfte«, als der er häufig hingestellt wird, auch von ökologischen Ökonomen (die nicht immer einen Blick ins Marxsche Werk geworfen haben). Er hat die zerstörerische Wirkung der Produktivkräfte gesehen, also nicht nur die Vernichtung von Kapital und von Arbeitsplätzen und Einkommen im Verlauf des kapitalistischen Krisenzyklus, sondern auch die Naturzerstörung durch den ungebändigten, »entbetteten« Markt, wie nach Marx der Wirtschaftshistoriker Karl Polanyi (1978) hervorhebt.

Die Unterordnung von Arbeit (und, so können wir hinzufügen, von natürlichen Bedingungen des Produzierens und Konsumierens) unter das Regime des Kapitals eröffnet zuvor unbekannte Möglichkeiten einer Steigerung der Produktivität der Arbeit. »In demselben Maß, worin die Industrie vortritt, weicht (die) Naturschranke zurück«, resümiert Marx im »Kapital« (MEW 23: 537), d.h., die Produktion von Überschuss in der gesellschaftlichen Form des Profits entwindet sich der Grenzen, die biotische Energien und daher das natürliche Raum- und Zeitregime setzen. Dazu werden die angemessenen Techniken entwickelt, die schneller als je zuvor in der Menschheitsgeschichte gewandelt werden, weil sie mit der Akkumulationsdynamik Schritt halten müssen. Innovationen werden, im Gegensatz zur vorkapitalistischen und vorindustriellen Geschichte, zum Prinzip. So kommt jene »soziale Revolution« zustande, die in der zweiten Hälfte des 20. Jahrhunderts ihren Höhepunkt und vorläufigen Abschluss finden sollte – mit dem »Untergang des Bauerntums«, wie der marxistische Historiker Hobsbawm (1995)in seinem inzwischen klassischen Werk über das »Zeitalter der Extreme« hervorhebt. Die industrielle Revolution triumphiert mit der Vernichtung jener Klasse, die mit der neolithischen Revolution vor etwa 6000 Jahren entstand und die nächsten Jahrtausende der Menschheitsgeschichte bestimmte, das sesshafte Bauerntum. Alle Kultur, auch alle Unkultur, stammte seitdem aus der Agrikultur. Doch seit der »great transformation« zur kapitalistischen Marktwirtschaft im Verlauf der industriellen Revolution im späten 18. Jahrhundert kann sie nur noch aus der kapitalistischen Industrie hervorgehen. Selbst die Bearbeitung des Bodens wird industrialisiert. »Die industrielle Revolution war ... der Anfang einer Revolution, so extrem und radikal, wie sie nur je den Geist von Sektierern befeuerte«, formuliert Polanyi (1978: 68) pointiert, um den revolutionären Charakter dieser sozialen Transformation zu unterstreichen.

Das Resultat der Umformung von Stoffen und Energien, des »gesellschaftlichen Stoffwechsels« also, ist die Fülle von Gebrauchswerten, die den »Reichtum der Nationen« bilden. Dieser wird in spezifisch gesellschaftlicher Form produziert, nämlich als eine »ungeheure Warensammlung«. Mit dieser Feststellung beginnt, wie wir gesehen haben, der erste Band des »Kapital«, in dem der »Produktionsprozess des Kapitals« vor allem als ein sozialer Prozess der Ausbeutung der Arbeitskraft durch das Kapital im Zentrum steht. Doch eine aufmerksame Lektüre wird immer wieder feststellen können (und müssen), wie wichtig für die Marxsche Argumentation der gesellschaftliche Stoffwechsel, das gesellschaftliche Naturverhältnis ist.

Erst in einer nicht-kapitalistischen, kommunistischen Gesellschaft sieht er die Möglichkeit der »wahrhafte(n) Auflösung des Widerstreites zwischen dem Menschen mit der Natur und mit dem Menschen« (MEW, Ergänzungsband, 1. Teil: 536). Marx will also die ökologische (Mensch und Natur) und die soziale Frage (Mensch und Mensch) im Zusammenhang beantworten. Denn die Arbeit der Arbeitenden formt konzentriert und planmäßig die Natur zur Befriedigung menschlicher Bedürfnisse um. Bei der Verausgabung von Arbeit verändert sich der oder die Arbeitende individuell und, da immer in einem System der Arbeitsteilung Arbeit geleistet wird, auch das gesellschaftliche Kollektiv und dessen Kultur.

Die Naturschranken weichen zunächst zurück und kommen dann wieder

Dass die Verselbstständigung gegenüber den sozialen Belangen über ein bestimmtes, historisch und kulturell gesetztes Maß nicht hinausgeht, haben die sozialen Konflikte seit der Heraufkunft des industriellen Kapitalismus gezeigt. Der Sozial- oder Wohlfahrtsstaat war darauf eine Antwort, die von der Arbeiterklasse in ihren Kämpfen den herrschenden Klassen abgetrotzt worden ist und die die Sozialgeschichte des 20. Jahrhunderts bis ins frühe 21. Jahrhundert hinein charakterisiert. Doch auch die Naturschranken, die zunächst »zurückzuweichen« scheinen, zeigen sich mit unerbittlicher Härte erneut. Denn die fossilen Energieträger und andere mineralische und agrarische Rohstoffe sind endlich, sie gehen irgendwann zur Neige. Auch die Belastbarkeit der Natur mit den »Exkrementen« (MEW 23: 220) des Industriesystems, vor allem mit den Emissionen von Treibhausgasen in die Atmosphäre, ist begrenzt, wie heute allgemein bekannt ist.

Hier zeigt es sich, dass im Kapitalismus im Zuge der »reellen Subsumtion der Arbeit (und der Natur – d. Verf.) unter das Kapital« (MEW 23: 533) tatsächlich eine Revolution stattgefunden hat: der Übergang von einem offenen Energieregime, in dem die Strahlung der äußeren und unendlichen Energiequelle Sonne genutzt wird, zu einem geschlossenen und isolierten Energieregime, das die Energiequelle in der Erdkruste in Gestalt der Kohlenwasserstoffe findet. Deren Bestände sind begrenzt. Das ist heute durch die Debatte über »Peak Oil«, d.h. den Höhepunkt der Ölförderung, der bereits überschritten ist oder sehr bald überschritten sein wird, allgemein zu Bewusstsein gelangt. Das Energieregime ist aber auch geschlossen, weil die Treibhausgase, die Verbrennungsprodukte der fossilen Energieträger, in der Atmosphäre konzentriert werden und die Abstrahlung der Wärmeenergie ins Weltall behindern. Dies beschert uns den gefährlichen Treibhauseffekt, für den die Menschen verantwortlich sind.

Die Naturschranke, die zunächst im Zuge der industriellen und fossilen Revolution zurückweicht, zeigt sich später in ihrer ganzen Unerbittlichkeit als Energie- und Klimakrise, als Zerstörung lokaler Biotope, als Reduktion der Biodiversität, als ungewöhnliche Wetterereignisse, als Gesundheitsgefährdung. Das Energiesystem muss also wieder geöffnet werden. Doch wie? Es gab einen vorindustriellen und prä-fossilen Kapitalismus, doch wie kann ein post-industrieller und post-fossiler Kapitalismus aussehen? Oder ist eine wieder solare Energie nutzende Gesellschaft nur als sozialistische möglich? Die zunächst harmlos erscheinende Naturfrage ist also eine soziale und eine zentrale politische Frage, auf die Antworten erarbeitet werden müssen.

6. Beschleunigung und Expansion – Wie im Kapitalismus Raum und Zeit zugerichtet werden

Marx beginnt den ersten Band des »Kapital« mit der Formanalyse der Ware und beschließt ihn mit dem 25. Kapitel über »moderne Kolonisationstheorien«. Da er den ersten Band als ein »artifizielles Ganzes« komponiert hat, ist die Frage berechtigt, warum der Bogen von der Form der Ware zu den Kolonien, von der abstrakten begrifflichen Ableitung zur konkreten historischen Darstellung und zu den »Kolonisationstheorien« gespannt wird. Marx zeigt in dem kurzen letzten Kapitel des ersten Bandes des »Kapital« etwas ganz Entscheidendes: Die »kapitalistische Produktions- und Akkumulationsweise, also auch kapitalistisches Privateigentum, bedingen die Vernichtung des auf eigner Arbeit beruhenden Privateigentums, d.h. die Expropriation des Arbeiters.« (MEW 23: 802) Die Kolonialisierung wird demzufolge als eine Methode der räumlichen Ausdehnung der kapitalistischen Produktionsweise durch Expropriation der arbeitenden Menschen entschlüsselt. Es geschieht das im globalen Raum, was zuvor im 24. Kapitel über die ursprüngliche Akkumulation als Tendenz in der historischen Zeit untersucht worden ist: die Unterwerfung von Zeiten und Räumen unter die Herrschaft des Kapitals, unter das private Eigentum und dessen Verwertung, die Enteignung der Arbeitenden. Das 24. und 25. Kapitel des ersten Bandes zeigen, dass und wie die kapitalistische Produktionsweise sich zeitlich und räumlich ausdehnt und zwar durch permanente Inwertsetzung.

Der Raum wird nicht nur »produziert«, wie Sozialgeografen entdeckt haben, sondern – entsprechend dem Doppelcharakter aller Produktion als Arbeits- und Verwertungsprozess – in Wert gesetzt und dabei grundlegend entsprechend den historischen Bedingungen der Kapitalakkumulation transformiert. Das ist in der Geschichte des Kapitalismus mit Hilfe des »stummen Zwangs« der ökonomischen Verhältnisse, also durch die »Sachzwänge des Marktes«, in vielen Fällen der kolonialen und imperialen Eroberung (auch bei der inneren Kolonisierung, von der Rosa Luxemburg schrieb), d.h. auch mit politischer Macht und militärischer Gewalt herbeigeführt worden. Die Expropriation des Arbeiters durch Privatisierung und kapitalistische Inwertsetzung von öffentlichen Räumen und durch Unterwerfung unter das kapitalistische Zeitregime setzen schon die Logik der Globalisierung in die Realität um, lange bevor die historische Globalisierung seit dem Beginn der Privatisierungs- und Deregulierungswelle in den 1970er Jahren und seit dem Kollaps des real existierenden Sozialismus wirkungsmächtig werden konnte.

Nun verstehen wir den Zusammenhang zwischen erstem und letztem Kapitel des »Kapital«: die Logik von Wert und Verwertung ist nicht nur Ergebnis begrifflicher Ableitung, sondern eine historische Tendenz, die sich auf dem gesamten Globus durchsetzt. Die kapitalistische Produktionsweise entwickelt sich also in Raum und Zeit – und passt diese dabei ihren Bedingungen der Produktion und Aneignung möglichst hoher industrieller Profite und finanzieller Renditen an. Doch gilt auch, dass Zeit und Raum Kategorien der Natur und Gesellschaft sind, dass ihre Koordinaten die Rhythmen des Lebens und die Horizonte der menschlichen Existenz bestimmen. Die kapitalistisch-formspezifischen Rhythmen der jede Naturgrenze missachtenden Beschleunigung und die Horizonte, in denen die Erde, wie Günther Anders sagt, nur als »auszubeutende Mine« wahrgenommen werden kann, geraten in Widerspruch zu den natürlichen Bindungen und gesellschaftlichen Konventionen, die als Beschränkungen des grenzenlosen Verwertungstriebs verstanden werden. Es entsteht ein höchst widersprüchliches Zeit-Raum-Regime, ein dem Kapitalismus eigenes gesellschaftliches Naturverhältnis, das von Anfang an umkämpft ist. Da es in diesen Kämpfen um Zeiten und Räume geht, begreifen sich soziale Bewegungen auch als »sozioterritoriale Bewegungen«, deren Ziel die Wiederaneignung von Raum und Zeit und deren Wiedereinbettung in die Gesellschaft gegen die Tendenzen der Enteignung und der Entbettung aus der Gesellschaft ist.

In diesen Fragen geraten auch wissenschaftliche Ansätze in Konflikt – z.B. eine Kapitalismustheorie, die sich der natürlichen und gesellschaftlichen Grenzen von Akkumulation und Wachstum und der Unumkehrbarkeit aller Stoff- und Energietransformationen bewusst ist, mit der liberalen und neoliberalen Ökonomietheorie, die ihre Weisheiten aus raum- und zeitlosen Modellen gewinnt.

Wachstumswahn

In der Zeit ist Beschleunigung das bestimmende Prinzip und im Raum ist es die Expansion auch gegen die Naturbedingungen und gesellschaftlichen Raum-Zeit-Muster. Durch Beschleunigung aller Bewegungen können der Raum und die Zeit »komprimiert« und daher die entferntesten, aber auch die nächsten Winkel in die Produktion und Zirkulation der Werte einbezogen werden. Die Beschleunigung führt zu einer beträchtlichen Erhöhung des Tempos aller Prozesse, die wiederum eine Verkürzung der Zirkulationszeit des Kapitals erlaubt. Da der Rückfluss der Gewinne auf diese Weise beschleunigt wird, kann die gleiche Kapitalsumme mehrmals in der gleichen Zeiteinheit angelegt werden. Die »Finanzinnovationen« des Spekulationsbooms vor dem Ausbruch der Finanzkrise waren vor allem darauf gerichtet, die Finanztransaktionen maßlos zu beschleunigen – bis zum alles mitreißenden Krach des gesamten Systems.

Auch in der »realen Ökonomie« von Arbeit und Produktion setzt sich das Prinzip Beschleunigung durch. In der gleichen Zeiteinheit können mehr Waren produziert werden oder die gleiche Warenmenge in verkürzter Zeitstrecke. Also steigt die Produktivität der Arbeit und mit ihr auch der »Wohlstand der Nationen«. Verantwortlich dafür sei die vertiefte und erweiterte Arbeitsteilung, bewirkt durch die »unsichtbare Hand des Marktes«, der sich im Zuge dieser Dynamik zum Weltmarkt weite, lautet die Lehre der klassischen politischen Ökonomie von Adam Smith und David Ricardo. Sie hat bis heute nicht ihre Attraktivität verloren. Die Beschleunigung erfasst auch das Alltagsleben, wird ein bestimmendes Element der Kultur. Das Automobil wird zum praktisch rollenden Symbol der Raum-Zeit-Kompression.

Rein quantitativ kommt die neue Dynamik des Kapitalismus in einer menschheitsgeschichtlich einmaligen Steigerung der durchschnittlichen wirtschaftlichen Wachstumsraten zum Ausdruck.

Bis zum Ende des 18. Jahrhunderts betrug das Wirtschaftswachstum real und pro Kopf jährlich ca. 0,2%. Es kam in allerererster Linie infolge der Zunahme der Bevölkerung und daher des Arbeitsvolumens zustande. Die Subsistenz der wachsenden Bevölkerung hing vom Zuwachs vor allem der landwirtschaftlichen Güter ab, und der war in vorindustriellen Zeiten gering.

Der norwegische Statistiker Angus Maddison hat zum Jahrtausendwechsel im Auftrag der OECD (Maddison 2001) den auf den ersten Blick aberwitzigen Versuch unternommen, das Wachstum der Wirtschaft in allen Weltregionen über die letzten 2000 Jahre seit Christi Geburt zu berechnen, und zwar vergleichend in US-$ zu Preisen von 1990. Die Resultate der Studie sind gleichwohl plausibel. Danach wuchs die Weltbevölkerung vom Jahre 0 bis zum Jahre 1000 nur von 230,8 auf 268,3 Millionen Menschen. Auch das Bruttoinlandsprodukt pro Kopf stagnierte während des ersten Jahrtausends bei etwa 440 US-$ pro Kopf. In den nächsten 800 Jahren bis 1820 erhöhte sich die Zahl der Menschen auf Erden auf etwas mehr als eine Milliarde und das Pro-Kopf-Einkommen nahm auf 667 US-$ zu. In den 178 Jahren von 1820 bis 1998 allerdings versechsfachte sich die Weltbevölkerung und das globale Durchschnittseinkommen verneunfachte sich auf 5.709 US-$ pro Kopf. Das ist nichts gegenüber dem 27-fachen in Westeuropa (durchschnittliches Pro-Kopf-Einkommen im Jahre 1998: 17.921 US-$) und dem 39-fachen in den USA und Kanada (26.146 US-$). In Asien (ohne Japan) beträgt der Durchschnitt der Pro-Kopf-Einkommen nur etwas mehr als ein Zehntel (2.936 US-$) und in Afrika nur knappe 5% (1.368 US-$) der nordamerikanischen Werte. Der Wohlstand nimmt in der Welt zu, aber die Ungleichheit der Verteilung zwischen den Menschen in den verschiedenen Weltregionen auch.

Beschleunigung und Expansion sind gegen die Rhythmen von Natur und Gesellschaft nur möglich, weil fossile Energien anstelle der in der gesamten Menschheitsgeschichte zuvor genutzten biotischen Energien von Pflanzen, Tier und Mensch eingesetzt werden. Die industrielle Revolution war eine kulturelle und soziale, auch eine ökonomische und zugleich eine industriell-fossile Revolution. Erst dieser Dreiklang machte sie so wirkungsmächtig in der Geschichte der vergangenen zweieinhalb Jahrhunderte. Denn seitdem sich die Produktionsmethoden der modernen Industriegesellschaft durchgesetzt haben, ist das Wachstum nicht mehr hauptsächlich von der Zufuhr von Arbeitskräften abhängig, sondern vom Anstieg der Produktivität der Arbeit. Beschleunigung in der Zeit und Expansion im Raum sprengen nun die Begrenztheit der menschlichen Horizonte. Die fossile Energie ist »dichter« gepackt als die solare Flussenergie, die »gestreut« auf der Erdoberfläche ankommt.

Jeder lebendige Arbeiter erhält nun Hunderte von »Energiesklaven« oder »Pferdestärken« zugeordnet, wie Hans-Peter Dürr schreibt. Das macht das Leben bequem, doch an das neue kapitalistische Raum-Zeit-Regime müssen sich die Menschen gewöhnen. Sie müssen das neue Zeitregime der Beschleunigung in den Manufakturen und Fabriken und die Privatisierung von Räumen erst akzeptieren lernen. Das war und ist keineswegs selbstverständlich. Hätten Goethe oder Heine ihre italienischen Reisen, die sie in der Kutsche unternahmen und dabei Tagebücher, Reflexionen und Gedichte schrieben, auch mit Ryanair machen können? Es ist schlecht vorstellbar, dass Goethe seine Römischen Elegien vor dem Einchecken bei Ryanair auf dem Flughafen Frankfurt-Hahn verfasst hätte.

Kämpfe um Zeiten und sozioterritoriale Konflikte

Um die Hegemonie über die Arbeitszeit wurden heftige und langwierige, Jahrzehnte dauernde Klassenkämpfe ausgetragen, auf die Friedrich Engels zu sprechen kommt, als in England die 1847 eingeführte Begrenzung des Arbeitstags auf zehn Stunden im Jahr 1850 durch Gerichtsbeschluss wieder aufgehoben wurde (MEW 7: 226-243).

Auch Marx widmet den Kämpfen um die Arbeitszeit im »Kapital« ein langes Kapitel (MEW 23: 245-320). Die Historiker E.P. Thompson oder Eric Hobsbawm sehen in diesen Auseinandersetzungen und Kämpfen, wie übrigens ähnlich Engels in den zitierten Artikeln, »Schulen«, in denen die junge britische Arbeiterklasse ihr Klassenbewusstsein lernt. Die Kämpfe um die Arbeitszeit und deren Gestaltung gehen bis heute weiter.

Die Konflikte in Zeit und Raum können mit der Unterscheidung Fernand Braudels zwischen einer Ereignisgeschichte der kurzen Zeitspanne, der Geschichte von Konjunkturen und einer Geschichte der langen Dauer, die mehrere Jahrhunderte umfasst, interpretiert werden. Das Energieregime hat lange Dauer, doch dauert es nicht ewig. Denn die Entnahmeraten der fossil gespeicherten Sonnenenergie sind ungleich höher als die Raten der Neubildung von fossilen Energien. Da seit der industriell-fossilen Revolution die Wirtschaft beschleunigt wächst und die Akkumulation im Raum sehr expansiv ist, mindern sich deren Bestände und werden überdies von immer mehr Energieverbrauchern aus dem globalen Raum angezapft. Die in den Reserven gebundenen Kohlenstoffe werden bei deren Verbrennung als Kohlendioxid mit den bekannten Klimaeffekten freigesetzt. Somit erschöpfen sich die Bestände der fossilen Energien nach und nach und sie belasten vor allem die Atmosphäre des Planeten Erde in einem nicht tragbaren Maße. Hier zeigt es sich, wie unterschiedliche Zeitregime – die Entstehung fossiler Lagerstätten und deren Ausplünderung zur Nutzung als Treibstoffe und die trägen Reaktionszeiten der Atmosphäre auf den Schadstoffeintrag – in Konflikt geraten, und wie Raumnutzungen – die Nutzung der Atmosphäre als Deponie für Treibhausgase oder als Luft zum Atmen – konkurrieren.

Daran entzünden sich einerseits alltagsweltliche soziale Auseinandersetzungen der Ereignisgeschichte mit lokaler, regionaler und nationaler Reichweite. Es entstehen aber auch globale, geopolitische Konflikte über eine längere Zeitdauer (Braudels »longue durée«). Das fossile Energieregime gehört zu den historischen Infrastrukturen, die die Geschichte der Gesellschaft wie die Biografien ihrer Mitglieder bestimmen. Dazu schreibt Braudel: »Sie blockieren die Geschichte, engen sie ein« und machen sich »als Grenzen bemerkbar ..., die der Mensch mit seinen Erfahrungen kaum überschreiten kann. Die Denkverfassungen selbst sind Gefängnisse von langer Dauer.« (Braudel 1977: 173) Dann kann es geschehen, dass die langfristig verfassten Strukturen notwendige Veränderungen, also einen Ausweg aus dem »Gehäuse der Hörigkeit« blockieren. Das ist eine Frage der politischen und ökonomischen Macht, wie an der in Beton gegossenen Infrastruktur der »longue durée« des fossilistischen Kapitalismus deutlich wird. Ihre Vertreter mit ihren »Denkverfassungen« sind darin befangen und tun alles, um sie nicht aufgeben zu müssen.

Damit werden aber die Auseinandersetzungen in Konjunktur- und Ereignisgeschichte vorgezeichnet. Wenn am fossilen Energieregime, also an der Infrastruktur der »longe durée«, der Ökonomie der Geschwindigkeit, fest gehalten wird, muss die Versorgung mit fossilen Treibstoffen gewährleistet werden. Die Reserven sind aber begrenzt und in bestimmten Weltregionen konzentriert und die Auswirkungen der Klimaeffekte sind ebenfalls regional unterschiedlich. Es ist unvermeidlich, dass geopolitische Konflikte um Territorien auf die Tagesordnung kommen, die nur dann eine Lösung finden, wenn die Strukturen der langen Dauer verändert werden.

7. Die Bildung der Arbeitskraft im Kapitalismus

Vor nahezu einem halben Jahrhundert, im Jahr 1961, gab der SDS die Denkschrift zur »Hochschule in der Demokratie« heraus. Die Botschaft: Studieren ist eine wichtige und gesellschaftlich nützliche Tätigkeit, für die nicht etwa Gebühren zu zahlen sind, sondern die mit einem Studienhonorar zu finanzieren ist. Nur ein selbstbestimmtes und honoriertes Studium befähigt zu kritischer Praxis an der Hochschule und später in Beruf und Gesellschaft. Deshalb muss die Hochschule demokratisch organisiert sein und allen den Zugang zum Hochschulstudium ermöglichen. Wissen und Bildung sind ein öffentliches Gut und daher für alle da und sie dürfen nicht durch politisch oder wirtschaftlich mächtige Gruppen monopolisiert werden. Die Zeit der Privilegien ist in der Demokratie vorbei.

Etwa ein Jahrzehnt danach löste sich zwar der SDS auf, aber eine »Kapital-Lesebewegung« an einer Reihe von Hochschulen im damaligen Westdeutschland entstand. Sie fragte nicht nur nach der Hochschule in der Demokratie, sondern auch nach der Stellung der Hochschule in der kapitalistischen Gesellschaft. Es musste ja erklärt werden, warum die hehren Ziele der Hochschuldenkschrift nicht Wirklichkeit geworden sind. Also wurde die Kritik der Politischen Ökonomie auf den so genannten Ausbildungssektor ausgedehnt, d.h. das Kapital-Studium war zugleich eine kritische Aufarbeitung der Institution, in der man – als Student(in) oder Dozent(in) – arbeitete. Es war auch wichtig zu wissen, welche emanzipatorischen und politischen Fähigkeiten Lehrer und Hochschullehrer, und vor allem die Schüler und Studenten entwickeln können (und sollten), um die Gesellschaft zu begreifen und sozialistisch (zumeist in undogmatischem Sinne verstanden) verändern zu können.

Jedoch sind nach mehreren Jahrzehnten neoliberaler Hegemonie die Hochschulen weniger offen für theoretische und praktische Kritik als zu Zeiten der »68er« und der ersten Lesebewegung des »Kapital«. Sie sind stärker *durchkapitalisiert* als damals. Das Management einer Hochschule folgt betriebswirtschaftlichen

Effizienzkriterien, so als ob sie die Rendite eines Hedgefonds im Interesse von Shareholders zu maximieren hätte. Kein Wunder daher, dass der eine oder andere von ihnen keine Scham empfindet, sich aktiv als Ideologe des Kapitalismus für eine Lobby-Organisation wie die der »Initiative Neue Soziale Marktwirtschaft« zu betätigen. Der moderne finanzmarktgetriebene Kapitalismus hat das Bildungssystem, also auch die Universitäten, im Griff. Scham und bürgerlichen Anstand kennt die Lobby nicht.

Eine neue Industrie der Bildungsvermarktung

Alles um das Studium und die Forschung herum wird in Waren verwandelt. Da zum Beispiel Fachhochschulen kein Promotionsrecht haben, bilden sie zwar wissenschaftlich-technisch hoch qualifizierte Arbeitskräfte mit hoher »employability« (Beschäftigungsfähigkeit) in Wirtschaft und Verwaltung aus. Es ist ihnen aber verwehrt, die Doktorwürde zu verleihen, die noch immer die Eintrittskarte in den gehobenen Dienst und die oberen Etagen der Karriere ist und daher für den Akademikerhimmel prädestiniert. Doch den Doktortitel kann man z.B. an einer britischen Universität erwerben – wenn im Rahmen der europäischen Kooperationsvereinbarungen (Bologna-Zusammenhang) entsprechende Kurse belegt und Examina absolviert werden. Gegen hohe Gebühren von etwa 15.000 Euro, versteht sich.

Adam ist der gleiche, ob mit oder ohne Doktor-Urkunde, aber Adams Ware Arbeitskraft kann sich als Dr. Adam teurer verkaufen. Vermarkten lohnt sich, und damit dies möglich ist, müssen Rahmenbedingungen geschaffen werden, die die Inwertsetzung, die profitable Verwertung der Promotion als zertifizierte Ware erlauben. Da hier ein neues Geschäftsfeld für kapitalistisch operierende Bildungseinrichtungen geschaffen wurde, entsteht auch sogleich das passende Geschäftsmodell. Nicht nur Promotionen werden verkauft, sondern Studiengänge werden zertifiziert, und dafür benötigt man Zertifizierungsgesellschaften. Universitäten werden ähnlich wie toxische Papiere »geratet«, und dafür braucht man *rating agencies*. Leistungen werden gemessen, Zitationen gezählt – alles gegen klingende Münze in den Kassen einer neuen Industrie der Bildungsvermarktung.

Der tragische Schweinezyklus

Auch die Bildung des Arbeitsvermögens der Ware Arbeitskraft wird vermarktet. Deshalb kam in den 1960er Jahren die Bildungsökonomie als eine neue Wissenschaft auf. So genannte Manpower-Studien sollten die Bildungsplanung unterstützen, um das an den Universitäten »produzierte« Angebot an Qualifikationen der Nachfrage auf dem Arbeitsmarkt anzupassen und ein den ökonomischen Gegebenheiten angemessenes Arbeitsvermögen bereitzustellen. Dafür setzte sich international die OECD ein. Also ging es vor allem darum, mit makroökonomischen Modellen die Entwicklung der Qualifikationsstruktur zu erforschen und dann die Bildungsinstitutionen zu veranlassen, ihren »Output« entsprechend zu planen. Planung war in den 1960er und 70er Jahren im Westen keineswegs *megaout* wie seit der neoliberalen Wende und dem Zusammenbruch der Planungssysteme im real existierenden Sozialismus, sondern vollständig und breit akzeptiertes staatliches Steuerungsinstrument. Doch die Versuche der makroökonomischen Steuerung des Bildungssystems sind trotz Vollbeschäftigung gründlich gescheitert.

Ein Grund, wenn auch nicht der einzige, sind die Produktionsbedingungen von Qualifikation, die denen der Schweinezucht gleichen, die der Agrarökonom Arthur Hanau 1927 untersucht hatte. Auf das Bildungssystem angewandt, besagt das Modell des »Hanauer Schweinezyklus«: Sehr viele Schweine auf dem Markt führen zum Preisverfall von Schweinefleisch. Also werden in den nächsten Perioden weniger Schweine gezüchtet und auf den Markt geworfen, da es sich nicht lohnt. Der Schweinepreis steigt und die späteren Schweinezüchter folgen ganz rational diesem Signal, indem sie wieder mehr Ferkel mästen ... Ähnlich ist es mit der Lehrer- oder Ärzteschwemme oder dem Akademikerüberhang im Allgemeinen, nur dass die »Zyklen« länger dauern als bei der Schweinezucht, und dass daran Schicksale hängen. Der individuelle Student, der sein Studium wählt, handelt aufgrund der Marktsignale ganz rational. Aber gerade weil alle rational handeln, kommt ein gesellschaftlich irrationales Ergebnis heraus, ein im klassisch griechischen Sinne tragisches Resultat.

Qualifikation und Kompliziertheit der Arbeit

Dennoch sind zwei Aspekte der Debatte um Bildungsplanung wichtig geworden. Sie haben in der Kapital-Lesebewegung der 1970er Jahre viele Kontroversen ausgelöst, und zwar zur Bedeutung der Qualifikationsstruktur für die schnelle Rekonstruktion der kapitalistischen Gesellschaften nach dem Zweiten Weltkrieg und zum so genannten Reduktionsproblem, das Marx im ersten Band des »Kapital« aufwirft.

Während sich seit 2008 der Kapitalismus in der schwersten Krise seiner Entwicklung befindet, leuchtete in den 1960er Jahren noch die Sonne des »Wirtschaftswunders«. Doch diese wurde verdunkelt in einer kleinen Krise mit kurzzeitig knapp einer Million Arbeitslosen in den Jahren 1966/67. Wie sollte dieser Wermutstropfen in der Wirtschaftswunderseligkeit interpretiert werden? Der ungarische Ökonom Franz Jánossy hatte ein damals innerhalb der nach kritischen Analysen dürstenden Studentenbewegung breit rezipiertes Erklärungsangebot. Die Entwicklung der Qualifikationsstruktur der Arbeitskraft ist sowohl der dynamische als auch der limitierende Faktor des Wachstums. Solange genügend qualifizierte Arbeitskräfte verfügbar sind, geht es aufwärts. Wenn aber die Qualifikationsstruktur mit ihren Reserven ausgeschöpft ist, können hohe Wachstumsraten nur noch realisiert werden, wenn man viel in die Bildung investiert. Das war ein süffiges Erklärungsangebot für die »Wirtschaftswunder«, deren mögliche Verlängerung durch Bildungsangebote und deren Ende in der Mitte der 1960er Jahre. Es begründete zugleich die große Bedeutung des Ausbildungssektors für Wirtschaft und Gesellschaft und lieferte Argumente für massive Bildungsinvestitionen. Mit dem Ansatz waren also die strategischen Optionen der Studentenbewegung gut zu fundieren. Freilich wurde hier der »Gebrauchswertseite« der Bildung eine übermäßig wichtige Rolle beigemessen und der Tauschwertseite eine zu geringe.

Das wird mit der Marxschen Unterscheidung von Wert und Gebrauchswert, von konkreter und abstrakter, von qualifizierter und komplizierter Arbeit vermieden. Die Grundannahme ist, dass konkrete Arbeiten nicht nur so verschieden sind wie die Berufe und die Arbeitsprozesse, sondern dass auch die abstrakte

Arbeit keineswegs homogen ist. Es gibt komplizierte Arbeit, die als »multiplizierte einfache Arbeit« (MEW 23: 59) gilt. Damit haben wir uns schon beschäftigt. Arbeit, in die mehr Bildung eingeflossen ist, Arbeit, die nur nach langjähriger Berufserfahrung geleistet werden kann etc., ist in diesem Sinne komplizierte Arbeit. Im Resultat des Arbeitsprozesses, dem Produkt, werden die unterschiedlich komplizierten Arbeiten jedoch gleichgesetzt; sonst könnten sich die Produkte dieser Arbeiten nicht auf dem Markt austauschen: »Eine Ware mag das Produkt der kompliziertesten Arbeit sein, ihr Wert setzt sie dem Produkt einfacher Arbeit gleich.« (MEW 23: 59) Der Markt homogenisiert die inhomogenen Arbeiten »hinter dem Rücken« der Beteiligten. Wichtig ist dieser »Querpass« von der konkreten, qualifizierten Arbeit zur abstrakten, Wert produzierenden komplizierten Arbeit, ist es so doch möglich zu begreifen, dass Bildung des Arbeitsvermögens auf die Bildung des ökonomischen Werts Einfluss ausübt.

Fetisch Humankapital

Im modernen Kapitalismus wird alles verwertet und als Kapital kalkuliert – Realkapital, Immobilienkapital, Naturkapital, Sozialkapital – und nicht zuletzt Humankapital. Dass durch Bildung individuell zurechenbares »Humankapital« erzeugt wird, das wie Geld- und Produktivkapital einen Einkommensstrom in Form von Profiten und Zinsen generieren könnte, veranlasste Karl Marx schon in den »Grundrissen« von 1857 zu der Bemerkung, der Begriff des Humankapitals mache genauso viel Sinn, wie wenn man »die Substanz des Auges (als) das Kapital des Sehens etc.« (Grundrisse: 200f.) bezeichnen würde. So betrachtet ist Bildung eine Investition vergleichbar der Investition in Finanzanlagen oder Immobilien.

»Humankapital« wird etablierter Begriff in der »neuen« Wachstumstheorie, auch wenn es hin und wieder Ökonomen gibt, die über die Unfähigkeit jammern, den Beitrag der Bildung zum Wirtschaftswachstum exakt messen oder die Größe des Humankapitals berechnen zu können. Hat dies systematische Gründe? Ganz gewiss. Dass Bildung, die Qualifikation, das Können der Menschen für die Produktion von Gütern und Diensten in der »Wissensgesellschaft« unverzichtbar sind, kann nicht bestritten werden. Dass Bildung eine Art Investition in Humankapital sei, aber sehr wohl. Zunächst ist individuelle Bildung (»mein Humankapital«) nichts ohne die Bildung aller anderen in einer arbeitsteiligen Gesellschaft. Was jemand weiß, wissen sie oder er von anderen. Alle sind Lehrer und Lernende zugleich. Bildung und Wissen sind daher öffentliche Güter par excellence und nicht individuelles Kapital, das seinem Eigner Zinseinkünfte einbringt. Obendrein kann das Einkommen eines Menschen kaum dem Humankapital zugerechnet werden. Sonst gäbe es keine hoch qualifizierten Menschen mit vergleichsweise niedrigem Einkommen und partiell pfiffige Dummdeubel wie die inzwischen berüchtigten Banker mit millionenschweren Bonuszahlungen. Schließlich ist es dem Humankapitalisten verwehrt, sein Humankapital zu liquidieren und alternativ, beispielsweise in Immobilienfonds zu investieren. Er kann allenfalls »Kapitalflucht« begehen und auswandern. Aber das ist keine Kapitalbewegung auf dem Finanzmarkt, und Schweizer Nummernkonten sind nutzlos, sondern Migration auf dem internationalen Arbeitsmarkt.

Im Jahre 2004 wurde »Humankapital« von Sprachwissenschaftlern zum »Unwort des Jahres« gekürt. Die Jury begründete ihre Wahl damit, dass »Menschen überhaupt zu nur noch ökonomisch interessanten Größen degradiert« würden. Stimmt, nur ist die Geschichte des »Unworts 2004« einige Jahrhunderte alt. Die lange Geschichte des Worts adelt es nicht. Es verkehrt die Verhältnisse, vernebelt den Unterschied von Arbeit und Kapital, macht also dumm. Die *Vermarktwirtschaftlichung* ist also wie ein Mahlstrom, in dem die Gesellschaftlichkeit der Bildung, ja die Demokratie untergehen. Das beklagt inzwischen auch der eher konservative Staatsrechtler und ehemalige Bundesverfassungsrichter Ernst-Wolfgang Böckenförde und spricht von »dem um sich greifenden Ökonomismus der Lebensverhältnisse ... Schon vor mehr als 150 Jahren hat Karl Marx diese Funktionslogik analysiert, und man kann sich der Aktualität seiner Prognose nicht entziehen« (Süddeutsche Zeitung vom 24.4.2009). Böckenförde plädiert daher für ein »Gegenmodell zum Kapitalismus (und) seinem inhumanen Charakter«, das weder vom Nationalstaat noch von einer nicht existenten globalen Staatlichkeit, wohl aber im Rahmen Europas realisiert werden könne. Da spricht der Staatsrechtler, wir haben ihn auch in der Einleitung zitiert. Kritische Sozialwissenschaftler und diejenigen, die heute oder 1968 an den »Lesebewegungen« des »Kapital« von Marx beteiligt sind, wissen, dass der Staat ein Feld der Klassenauseinandersetzungen und politischen Konflikte ist, dass also soziale Bewegungen bei der Analyse der Krisentendenzen der Gegenwart und beim Entwurf des »Gegenmodells« zum Kapitalismus mitreden.

Zu dieser Erkenntnis, die für die politische Praxis ungeheuer wichtig ist, muss man sich intellektuell und organisiert politisch emporarbeiten. Studenten sind davon ebenso wenig ausgenommen wie ihre nicht studierenden Kolleginnen und Kollegen. Darauf wäre genauer einzugehen, wenn Wissenschaft, Bildung und Ausbildung in ihrer Bedeutung für die Entstehung des Klassenbewusstseins und für soziale Auseinandersetzungen betrachtet werden.

8. Geschlechterverhältnisse oder »Teilzeitarbeit für alle« (mit Dagmar Vinz)

Hat Karl Marx der Geschlechterfrage Aufmerksamkeit gewidmet oder war er ihr gegenüber blind und verschlossen, wie die meisten seiner Zeitgenossen? In der Logik der Entfaltung des Kapitalbegriffs muss sie ja dort gestellt werden, wo Marx sich der Produktion und Reproduktion dieser »eigentümlichen Ware, (der) Arbeitskraft« (MEW 23: 184) zuwendet. In den ersten drei Kapiteln des »Kapital« hat er sich mit der einzelnen Ware aus dem »Warenpöbel« (MEW 23: 72; 248), dem Austauschprozess der Waren und dem Geld beschäftigt. Nun geht es im vierten Kapitel um die »Verwandlung von Geld in Kapital«. Kapital ist nicht einfach eine Summe Geldes, sondern ein gesellschaftliches Verhältnis, das sich – dies wird von Marx später (vor allem im 22. Kapitel) dargestellt – im Akkumulationsprozess reproduziert und auf lange Dauer fortsetzt. In diesem gesellschaftlichen Verhältnis aber trägt der Arbeiter (fast immer als männliche Person gedacht) sein Arbeitsvermögen zu Markte, verkauft es und leistet für den Kapitalisten, der es für bestimmte Zeit gekauft hat, Arbeit, um so den Arbeitsvertrag zu erfüllen. Auch der Kapitalist ist an den Vertrag gebunden, und inwieweit die vertraglichen Bindungen und Bedingungen eingehalten werden, ist sehr häufig strittig. Die Erfüllung des Arbeitsvertrags erfolgt anders als beim gewöhnlichen »Warenpöbel« nicht in der Sphäre des Marktes oder der Zirkulation, wo eine Sache, die Ware nämlich, gegen Geldzahlung an den Käufer übereignet wird, sondern erst im Prozess der Produktion, wo die Arbeitsleistung erbracht wird.

Was ist der Wert des Arbeitsvermögens bzw. der Arbeitskraft? Der Wert der Ware Arbeitskraft entspricht, wie der Wert anderer Waren auch, den Reproduktionskosten. Freilich existiert die Arbeitskraft nur als »Vermögen« des lebendigen Individuums und schließlich ist dieses Individuum schon wegen des Reproduktionsprozesses, aus dem es hervorgeht, gesellschaftliches und nicht nur »individuelles« Individuum. Es gibt natürliche und historische Bedürfnisse, und daher enthält »im Gegensatz zu den andren Waren ... die Wertbestimmung der Arbeitskraft ein historisches und moralisches Element« (MEW 2: 185): In der Reproduktion ist die Familie wichtig, und in ihr wirken gesellschaftliche Formen, die dem Kapitalverhältnis nicht vollständig subsumiert und von ihm daher geprägt sind. ›Eigenleben‹ und ›Eigensinn‹ haben dort noch ein Zuhause, das Regime der Manufakturen und Fabriken hat hier keine volle Gültigkeit.

Obendrein, so fügt Marx hinzu, ist »der Eigentümer der Arbeitskraft ... sterblich. Soll also seine Erscheinung auf dem Markt eine kontinuierliche sein, wie die kontinuierliche Verwandlung von Geld in Kapital voraussetzt, so muss der Verkäufer der Arbeitskraft sich verewigen, ... durch Fortpflanzung« (MEW 23: 185f.). »Ersatzmänner, d.h. die Kinder der Arbeiter« (ebd.) müssen herangebildet werden, und daher gehen auch die Bildungskosten in den Wert der Arbeitskraft ein. Hier zeigt sich die Bedeutung der Hausarbeit für die gesellschaftliche Reproduktion schlechthin und gleichzeitig der indirekte Beitrag zur Mehrwertproduktion. Denn den Mehrwert produzieren die Arbeiter, weil der Wert ihrer Arbeitskraft geringer ist als der Wert des Produktes, das sie erzeugen. Dass die Arbeitskraft diese Leistung im Produktionsprozess des Kapitals (zu Marx Zeiten vor allem in der Fabrik) erbringen kann, ist unter anderem Ergebnis der Hausarbeit in der »Reproduktionssphäre«.

Marx stellt nicht die Frage nach der Art und Weise, wie die Arbeitskraft eigentlich »produziert« wird, was in den Haushalten vor sich geht, wie Bildungsprozesse ablaufen, wie sich kapitalistische Rationalisierung von Küche, Sex und Schule mit Eigensinn und Traditionen verbinden und welche Konflikte sich daraus ergeben. Er hatte wie viele andere kritische Autoren des 19. Jahrhunderts einen Blick für die besondere Ausbeutung der Frauen und Kinder in den Fabriken – man lese dazu die Ausführungen im 8. oder im 13. Kapitel des ersten Bandes des »Kapital«. Doch die Sphäre der Reproduktion der Arbeitskraft behandelte er eher wie einen »schwarzen Kasten«. Dessen Ergebnis, nämlich die auf dem Markt verkaufte Arbeitskraft ist bedeutsam, die Art und Weise, wie es zustande kommt aber nicht. Der Prozess der Heranbildung des Arbeitsvermögens, von der Geburt über das Waschen der Windeln bis zur Ernährung und Schuldbildung kann daher vernachlässigt werden.

In den »schwarzen Kasten« haben erst Autorinnen wie Maria Rosa della Costa, Claudia von Werlhof oder Maria Mies Licht geworfen. Mit ihren Ansätzen für einen sozialistischen oder marxistischen Feminismus gingen sie aus der linken, theoretisch an Marx anknüpfenden Studentenbewegung hervor. Die frühe Diskussion im Feminismus entzündete sich dabei an der Frage nach der vergessenen Hausarbeit in der Marxschen Wertlehre. So erweiterten Mariarosa Della Costa und Selma James (1973) die Wertlehre um die Hausarbeit, von der sie behaupten, dass sie produktiv sei und in die Mehrwertbildung eingehe. Also werden der kapitalistische Produktions- und Ausbeutungsprozess, die Kapitalakkumulation und die Klassenauseinandersetzungen gewissermaßen um die Reproduktionssphäre, in der das Arbeitsvermögen durch zumeist weibliche Hausarbeit gebildet wird, verlängert.

Hinter dem Rücken der industriellen Produktion sorge daher die Hausarbeit für die Vergrößerung des Mehrwerts. Die Rolle der Frau sei dabei in der Form der Familienarbeit unsichtbar gemacht. Marx wird aus dieser Perspektive vorgeworfen, er habe der Hausarbeit ihren produktiven Wert abgesprochen und habe der Entwertung weiblicher Arbeit im Rahmen seiner Begrifflichkeit nichts entgegen zu setzen.

Claudia von Werlhof sprach demzufolge von der Hausarbeit als »blindem Fleck in der Kritik der politischen Ökonomie«. Die Idee, dass auch die Hausarbeit letztlich produktiv sei und entsprechend der Lohnarbeit gesellschaftlich anerkannt und bezahlt werden solle, gewann einen gewissen politischen Einfluss. Die Debatte um den Beitrag der Hausarbeit zur Mehrwertproduktion war eine sehr akademisch geführte Debatte, sie hat aber das Bewusstsein über die Hausarbeit als konstitutivem Element von Arbeit im Kapitalismus geschärft und der Kontroverse um die »Hausfrauisierung der Arbeit«, um den so genannten Bielefelder Ansatz von Claudia von Werlhof, Maria Mies und Veronika Bennholdt-Thomsen (1983) Nahrung gegeben. Frauenunterdrückung wird hier unter Bezug auf Rosa Luxemburgs Akkumulationstheorie als fortwährende ursprüngliche Akkumulation des

Kapitals verstanden. Frauen werden als notwendige »innere Kolonie« gesehen, ohne die kapitalistische Entwicklung nicht möglich sei. Der Bielefelder Ansatz stellte somit die Zweiteilung der Gesellschaft in Bourgeois und Proletarier in Frage und geht statt dessen von einer Dreiklassenstruktur von Ausgebeuteten aus. Diese umfasst die nichtkapitalistisch produzierenden Gruppen, nämlich (erstens) Hausfrauen in der ganzen Welt, (zweitens) Subsistenzbauern beiderlei Geschlechts, vor allem in der Dritten Welt und schließlich (drittens) das Heer der Marginalisierten männlichen und weiblichen Geschlechts, vornehmlich in der Dritten Welt.

Die unbezahlte Arbeit/Produktion dieser Gruppen ist nach Auffassung von Claudia von Werlhof die eigentliche Voraussetzung des Kapitalverwertungs- und Akkumulationsprozesses. Problematisch an diesem Ansatz ist vor allem die Gleichstellung der »Hausfrauen der ganzen Welt« mit den beiden anderen Kategorien von Ausgebeuteten. Gewaltige Unterschiede in der Lebensweise zwischen den Hausfrauen in westlichen Mittelschichten und den übrigen Frauen bzw. sozialen Akteuren in der Subsistenzproduktion fallen unter den Tisch, ebenso wie die Tatsache, dass der Begriff der Hausfrau eine sehr heterogene soziale Gruppe umfasst. In den letzten Jahren ist diese Idee in der Debatte um die »Akkumulation durch Enteignung« (Harvey 2003) erneut aufgegriffen worden. Allerdings ist dies ohne Wissen um und ohne Bezug auf den »Bielefelder Ansatz« und strenger der von Rosa Luxemburg ausgearbeiteten Systematik folgend geschehen.

Frigga Haug (1996) hat in ihren Konzepten für einen sozialistischen Feminismus Marx in andere Richtungen weiter gedacht, die für die heutigen Diskussionen möglicherweise fruchtbarer sind als der »Bielefelder Ansatz« aus den 1970er Jahren. Sie schreibt, dass die Benachteiligung von Frauen ihren Grund in der Spaltung der Gesellschaft in einen produktiven und einen unproduktiven Bereich hat. Wird im Wesentlichen produziert, was Profit bringt, bleiben alle Arbeiten liegen, die der ökonomischen Logik der Expansion im Raum und der Beschleunigung in der Zeit (»Zeit ist Geld«) nicht gehorchen, weil sie nicht ohne Weiteres rationalisierbar, automatisierbar und zu beschleunigen sind. Sie lassen sich auch nicht leicht fabrikförmig organisieren und können am Markt nicht bestehen. Sie verlangen eine extensive Zeitverausgabung ohne entsprechende Wertbildung. Die messbare Produktivität ist gering. Das ist ein Grund, warum sie der unentgeltlichen Pflege von Frauen überlassen und nicht in einem kapitalistisch organisierten Betrieb organisiert und erbracht werden. Dazu zählen nach Haug das Hegen und Pflegen sowohl von Mensch als auch von Natur: »Es liegt in der Logik der Sache, dass der größte Teil der agrikulturellen Tätigkeiten, ebenso wie Wald- und Naturpflege, ja im Grunde auch das Aufziehen von Menschen mit der Logik der Zeitreduktion unverträglich ist.« (Haug 1996: 117) Sie schließt hier auf einen Zusammenhang zwischen dem Raubbau an der Natur und ihren Ressourcen und der Erwartung bzw. dem Verlangen, dass Frauen unbezahlt arbeiten. Der Zugang zu bezahlter Arbeit wird ihnen erschwert und so manches Mal verunmöglicht. Frauenunterdrückung wird also in der kapitalistischen Gesellschaft nicht aufgehoben, aber ihre Formen wandeln sich gegenüber nicht- oder prä-kapitalistischen Verhältnissen beträchtlich.

Überlegungen dieser Art aufgreifend hat Teresa Brennan (2000) eine Reinterpretation der Marxschen Werttheorie versucht. Auch sie sieht einen Widerspruch zwischen der artifiziellen Geschwindigkeit der Produktion und den generativen Zeiten der natürlichen Reproduktion. Im Namen des schnellen und kurzfristigen Profits werden Wachstumsprozesse von Tieren und Pflanzen um jeden Preis technologisch beschleunigt, auch wenn ihr Gebrauchswert sinkt und sie an Geschmack verlieren, wenn sie als Nahrungsmittel genutzt werden, oder wenn gar gesundheitliche Risiken für Mensch und Tier entstehen.

Auch die Reproduktion der menschlichen Arbeitskraft müsse dem Beschleunigungsimperativ Folge leisten: Hier werden nach Brennan jedoch (noch?) nicht durch neue Technologien der Reproduktionsmedizin Zeiten verkürzt und verdichtet und Geld gespart. Es ist (noch) einfacher menschliche Arbeitskraft zu importieren. Der Logik von Beschleunigung und Expansion wird also durch Arbeitsmigration und eine entsprechende regulierende

Politik gefolgt. Auch in der Armut von Alleinerziehenden spiegelt sich die gesellschaftliche Tendenz wider, die reproduktiven Kosten der Arbeitskraft möglichst gering zu halten. Brennan verweist also auf die strukturelle Verknüpfung von gesellschaftlicher Ungleichheit (gender, race, class), weltweit zunehmender Armut und ökologischer Zerstörung im modernen Kapitalismus. Sie denkt diese Prozesse zusammen, indem sie die menschliche Arbeitskraft genauso wie die Kräfte der Natur als energetische Quellen betrachtet, die wertbildend in den Produktionsprozess eingehen.

Explizit formuliert sie ein Substitutionsgesetz, nach dem menschliche Arbeitskraft und natürliche Energiequellen alternativ zur Wertschöpfung eingesetzt werden können und kritisiert die Objektivierung von Natur in der Marxschen Theorie. Während jedoch das Kapital für die Wiederherstellung der Ware Arbeitskraft mit Löhnen und Gehältern aufkommen muss, die von Gewerkschaften und sozialstaatlichen Regelungen beeinflusst werden, können die Eigenzeiten der Reproduktion von Natur ignoriert werden und die Beschleunigung der Ökonomie mit dem »Zeitdiebstahl« aus den Rohstoffdepots der Erde ermöglicht werden. Allerdings nehmen sich Umweltbewegungen der Natur an, sorgen dafür, dass die simple »Externalisierung« von Umweltschäden unterbunden und die Natur geschützt wird. Im Widerspruch zwischen artifizieller ökonomischer Beschleunigung und regenerativen Eigenzeiten von Mensch und Natur enthüllt sich die sozial-ökologische Krise als Krise der kapitalistischen Moderne.

Vor dem Hintergrund der Kritischen Theorie beleuchtet Nancy Fraser (2000) das Verhältnis von Klasse und Geschlecht. Klasse ist in der Marxschen Tradition vom Eigentum bzw. Nicht-Eigentum an Produktionsmitteln abhängig. Die einen, die Kapitalisten haben Eigentum an Produktionsmitteln, die anderen, die Proletarier haben es nicht. Der sich daraus ergebende Klassengegensatz könnte durch Umverteilung (von Produktionsmitteln, von Einkünften) gemindert, wenn auch nicht überwunden werden. Frauen sind nach Auffassung von Nancy Fraser eine in zweierlei Hinsicht benachteiligte Gruppe. Einerseits leiden sie unter ökonomischer Benachteiligung im Wirtschaftssystem aufgrund der vorherrschenden geschlechtlichen Arbeitsteilung. Diese ökonomische Struktur zwischen besser bezahlter, männlich dominierter und schlechter oder gar nicht bezahlter weiblicher Beschäftigung soll überwunden werden. Andererseits haben Frauen mit mangelnder Anerkennung in der gesellschaftlichen Statushierarchie zu kämpfen. Hierzu gehört beispielsweise die durchgängig schlechtere Bezahlung von typischen Frauenberufen oder die mangelnde Anerkennung von Hausarbeit als produktiver und nützlicher Arbeit. Auch die Höherbewertung von männlich konnotierten Werten wie Vernunft im Vergleich zu weiblich konnotierten Werten wie Emotionalität zählt dazu. Gender als Status-Unterscheidung verlangt eine Umwertung so genannter androzentrischer Gender-Codes. Im Gegensatz zur Umverteilung in einer Klassengesellschaft, mit dem Ziel, mehr Gleichheit herzustellen, verlangt also die Verwirklichung von Geschlechtergerechtigkeit auch eine kulturelle Revolution, die eine Höherwertung weiblich konnotierter Arbeiten, Eigenschaften und Werte mit sich bringen müsste.

Dies ist der Ausgangspunkt für Nancy Frasers Überlegungen zur Geschlechtergerechtigkeit in einem postindustriellen Wohlfahrtsstaat. Sie entwirft das Bild eines »Universal Caregivers« (des universellen Fürsorgenden/Pflegenden/Erziehenden). Dieses enthält die Verpflichtung auf das Ziel der Geschlechtergerechtigkeit und verfolgt den gerechtigkeitstheoretischen Anspruch der »partizipatorischen Parität« (Fraser/Honneth 2003). Das Modell des »Universal Caregivers« sieht eine allgemeine Verkürzung der Normalarbeitszeit auf sechs Stunden pro Tag vor. Beiden Geschlechtern soll somit Erwerbsarbeit und Hausarbeit/Sorgearbeit ermöglicht werden. Ausgehend von einer »kurzen Vollzeit« wird die Vereinbarung beider Lebensbereiche für Männer und Frauen erleichtert. Dieses Modell kann nach Fraser den Weg zu Geschlechtergerechtigkeit am überzeugendsten vermitteln. Da Frauen und Männer sich in ihren Lebensmustern und Verantwortlichkeiten immer ähnlicher würden, seien die Voraussetzungen für die von ihr geforderte »partizipatorische Parität« gegeben.

Das hat Frigga Haug in ähnlicher Weise ebenfalls eingefordert: Wenn schon Teilzeitarbeit als Konjunkturstütze, dann Teilzeitarbeit für alle mit der Perspektiven das Zeitbudget gerecht und nach menschlichem Maß aufzuteilen: »Einmal in Bewegung gekommen, können sich alle daran setzen, sich einen neuen Arbeitstag anzuprobieren. Wie wäre es, wenn man in der herkömmlichen Erwerbsarbeit nur mehr vier Stunden zubrächte und über die freigewordene Zeit selbst verfügen könnte, statt andere einseitige Verfügung zuzulassen. Das Leben ist mehr als Erwerbsarbeit – ihre Bedeutung gehört abgewertet. Das Miteinander, die Aufeinander-Angewiesenheit braucht unbedingt mehr Zeit – nennen wir sie Zeit für Kinder, Alte, Nächste, Freunde und für alles Lebendige um uns, das mehr und mehr verkommt. Dass wir das nicht so ohne Weiteres verschieben können, stößt auf die politökonomische Grenze der Kapitalverhältnisse – noch lassen sich größere Profite erringen, wenn weniger Menschen länger arbeiten, und ihre Leben ganz den Kompetenzen, die es auch zum Profitmachen braucht, verschreiben.« (Haug 2009)

Von einem Modell, wie es von Nancy Fraser oder Frigga Haug entworfen worden ist, sind wir in Deutschland weit entfernt. Wie ein Blick auf Zeitbudgetstudien zeigt, brauchen Männer und Frauen zwar ähnlich viel Zeit für Schlafen, Essen und Körperpflege oder Kontakte und Unterhaltung. Signifikante Unterschiede gibt es aber in Bezug auf unbezahlte und bezahlte Arbeit. Frauen verrichten im Durchschnitt sechs Stunden mehr unbezahlte Arbeit als Männer und gleichzeitig sechs Stunden weniger Erwerbsarbeit/Weiterbildung. Frauen arbeiten pro Woche im Durchschnitt 43 Stunden, überwiegend unbezahlt. Männer arbeiten insgesamt im Durchschnitt 42 Stunden pro Woche, überwiegend bezahlt (inklusive Wegezeiten). Wenn man das Nettoeinkommen einer Hauswirtschafterin mit einem Stundenlohn von 7 Euro zugrunde legt, betrug nach den Berechnungen der Zeitbudgetstudie der Gesamtwert der unbezahlten Produktion im Haushalt, im Jahr 2001 1.121 Mrd. Euro. Kleiner dürfte die Summe zwischenzeitlich nicht geworden sein.

9. Kapitalismus oder Marktwirtschaft? Eine alte Frage verlangt neue Antworten

Die politische Klasse ist im Zuge der Finanz- und Staatsschuldenkrise in einen Erklärungsnotstand geraten. Dieser ergibt sich daraus, dass sich die Parteien zwar hinter dem programmatischen Etikett einer »sozialen Marktwirtschaft« sammeln, aber nicht umhin können, private Banken zu verstaatlichen. Heiner Geissler hat den Notstand etwas gemildert. Er hat nämlich das Forum des Attac-Kongresses »Kapitalismus am Ende?« Anfang März 2009 in Berlin genutzt, um gleichzeitig gegen den »Kapitalismus« und für die Marktwirtschaft zu fechten, zumal wenn letzterer das schmückende Adjektiv »sozial« und »ökologisch« beigefügt wird. Dann kann man weiterhin von Kapital reden, von Produktivkapital und Geldkapital, von Naturkapital und Humankapital, von sozialem Kapital und Wissenskapital, von kulturellem Kapital und dem Kapitalwert guter Beziehungen, ohne mit dem Begriff der kapitalistischen Produktionsweise einen gesellschaftlichen Bezug herzustellen, und die Krise des Kapitalismus als systemische Krise ins theoretische Visier und in das politische Programm zu nehmen.

Die Legitimation des Kapitalismus als ein gesellschaftliches System ist in der schweren Krise der Gegenwart angeschlagen und seine Hohepriester, die Ökonomen des ideologischen Neoliberalismus, haben sich gründlich blamiert. Man schweigt also besser vom Kapitalismus, redet aber umso lauter von der Marktwirtschaft. Heiner Geissler macht wieder das, was er als CDU-Generalsekretär auch getan hat: die einen Begriffe positiv zu besetzen (die Marktwirtschaft), die anderen negativ zu brandmarken (die kapitalistische Gier) oder gar zu eliminieren (die kapitalistische Produktionsweise) und mit diesem Verfahren Diskurse herrschaftlich zu dominieren.

Die Unterscheidung von Kapitalismus und Marktwirtschaft eröffnet die Möglichkeit, den Kapitalismus in netter Gestalt als Marktwirtschaft wiederauferstehen zu lassen. Der Nobelpreisträger Amartya Sen hat in einem in der »Financial Times Deutschland« (19.3.2009) abgedruckten Artikel Kapitalismus als »zwingend von Märkten für den Warenaustausch abhängig« definiert. Nicht die Produktionsverhältnisse stehen im Zentrum der Analyse, sondern die Tauschverhältnisse. Tausch erfordert Vertrauen zwischen den Tauschpartnern und eine gewisse Aufsicht, denn der Glauben an die Selbstregulierung der Marktwirtschaft ist nicht gerechtfertigt. Doch ist es sinnvoll, den Kapitalismusbegriff aufzugeben und nur noch von Marktwirtschaft zu reden? Der große französische Historiker Fernand Braudel findet es bedauerlich, wenn »man es ... ablehnt, zwischen Kapitalismus und Marktwirtschaft zu unterscheiden«. Denn »der Kapitalismus ist die Erfindung einer ungleichen Welt«, ein »ambivalenter und umkämpfter Begriff«, den man aber benötigt, um die ökonomische Wirklichkeit zu begreifen, die man mit dem Wort Marktwirtschaft nicht erfassen kann. Man kann das Wort Kapitalismus »irritiert zur Tür hinaus jagen, aber es kommt zum Fenster wieder herein«. Und warum? Weil es zwei Formen des Austausches gibt: »denjenigen, der sich über das alltägliche materielle Leben in seiner Gesamtheit ausbreitet«, sozusagen als »Verbindungsglied zwischen Produktion und Konsumtion«, und dann jene »ungleiche(n) Tauschgeschäfte« im Rahmen »langer Handelsketten«, die immer schon »hohe Profite« eingetragen haben und zur »Akkumulation beträchtlichen Kapitals« befähigten. Die Spekulation gehört daher nach Braudel zu den Ursünden des Kapitalismus (vgl. Braudel 1986).

Die extreme Ungleichheit im modernen Kapitalismus ist in Braudels Verständnis jedoch eher eine Konsequenz der Spekulation auf globalisierten Märkten und des ungleichen Tausches in langen Handelsketten zwischen Zentrum, Semiperipherie und Peripherie des kapitalistischen Weltsystems, als Ausdruck des Klassengegensatzes von Lohnarbeit und Kapital. Die Widersprüche in der Zirkulation, die Ausbeutung durch ungleichen Tausch interessieren ihn mehr als die sozialen Gegensätze in der Produktionssphäre. Daran knüpft auch Immanuel Wallerstein an und begründet so seine Weltsystemtheorie ungleichen Tausches auf Märkten (Wallerstein 1979). Die Betonung der Zirkulations- vor der Produktionssphäre hat den Weltsystemtheoretikern viel Kritik eingetragen. Denn obwohl sie den kapitalistischen Charakter des Weltsystems nicht leugnen, klammern sie die Formen von Arbeit und Produktion, also die Spezifik der Produktionsweise, weitgehend aus. Dennoch unterstreicht Braudel immer wieder – und zu Recht – die zentrale Bedeutung des »alltäglichen materiellen Lebens in seiner Gesamtheit«, doch unterlässt er es, die systematische Unterschiedlichkeit (und nicht nur die historischen Unterschiede) der gesellschaftlichen Formen zu analysieren, in denen das materielle Alltagsleben der Menschen organisiert ist.

Sozial und ökologisch wird die Marktwirtschaft erst durch politische Auseinandersetzungen

Vor diesem Hintergrund erschließt sich der Sinn der Aussage des in Deutschland wichtigsten Theoretikers des Neoliberalismus Walter Eucken: Der Kapitalismusbegriff sei eine »Hypostasierung« und es zählten in der Geschichte die unterschiedlichen und idealtypischen »wirtschaftsordnungspolitischen« Grundformen von »freier Verkehrswirtschaft« und »Zentralverwaltungswirtschaft« sowie deren realtypische Mischformen. Doch ist dies eine Perspektivenverengung, die für soziale und politische Widersprüche blind macht. Dies gilt erst recht, wenn eine Marktwirtschaft mit einem Geld gedacht wird, das als Zirkulationsmittel lediglich Waren zirkulieren und eine zentrale Funktion in einer kapitalistischen Wirtschaft nicht erfüllen kann: nämlich als Kredit zur Finanzierung von Investitionen zu dienen und daher den Geldvermögensbesitzern ein arbeitsloses Zinseinkommen zu verschaffen. Die Abstraktion vom kapitalistischen Charakter der Produktionsweise ermöglicht auch die Abstraktion des Geldes vom Zins und mehr noch: vom in der Produktion von den Arbeitskräften produzierten Mehrwert, aus dem der Zins letztlich stammt.

Eine für viele faszinierende Idee wird geboren, deren Charme sich sogar John Maynard Keynes nicht entzieht: ein Geld ohne Zins, das obendrein nicht in Kapital verwandelt werden kann. So wird die Marktwirtschaft »vom Kapitalismus befreit«, meint erleichtert der Physiker Peter Kafka in einem einst weitverbreiteten Buch. Das Geld ist ein Störenfried und muss aus dem Kapitalismus herausoperiert werden, um eine wohl funktionierende

Marktwirtschaft zurückzulassen. Doch dabei wird vergessen, dass die moderne Marktwirtschaft aus der Gesellschaft »entbettet« worden ist, wie der Historiker Karl Polanyi in seinem Buch über die »große Transformation« zur Marktwirtschaft im England des 18. und 19. Jahrhundert begründet, zur Marktwirtschaft ohne Wenn und Aber, ohne soziale und ökologische Flausen. Es entsteht eine durch und durch kapitalistische Marktwirtschaft mit einem Arbeitsmarkt, der die historische Gesellschaftsspaltung von Lohnarbeit und Kapital voraussetzt. Die Marktwirtschaft bringt auch Geldmärkte und Finanzmärkte hervor und mit ihnen neue Unsicherheiten, die in den Jahrhunderten zuvor unbekannt waren. Denn Finanzmärkte verknüpfen Vergangenheit (in der Kreditsicherheiten erzeugt worden sind, z.B. Gebäude), Gegenwart (in der Entscheidungen getroffen werden) und die Zukunft (in der die Kredite aus laufenden zukünftigen Erträgen zu bedienen sind). Die Zukunftserträge sind unsicher, daher risikoreich und folglich krisenhaft. Polanyi warnt daher vor der Vermarktwirtschaftlichung von Arbeitskraft, Geld und Natur. Denn deren Märkte können gar nicht »sozial« oder »ökologisch« sein. Sie funktionieren als »Satansmühlen«, in denen die Arbeit, die Natur und das Geld zerstört werden, wenn es in einer Gegenbewegung keinen Widerstand gibt. Mit anderen Worten: Sozial und ökologisch wird die Marktwirtschaft erst, wenn dafür gekämpft wird. In den historischen Niederlagen in den sozialen Auseinandersetzungen entsteht immer wieder die kapitalistische Reinform der Marktwirtschaft, ohne Sozialklimbim und ökologische Mätzchen.

Das Geld des Marktes

Geldvermittelte Warenzirkulation wird, dies ist die grandiose Erkenntnis von Karl Marx, warenvermittelte Geldzirkulation. Die Geldzirkulation kann sich gegenüber der Warenzirkulation verselbstständigen. Jedenfalls zeitweise. Daher scheint es, als ob das Geld losgelöst von der realen Sphäre der Warenproduktion zirkulieren würde und ein Eingriff in die Geldsphäre möglich sei, ohne an der Form der Produktion des Mehrwerts zu rühren. Man kann also tatsächlich sehr leicht der Illusion verfallen, als ob eine

Marktwirtschaft ohne kapitalistische Bindungen und die sozialen Formen der kapitalistischen Produktionsweise möglich sei.

In dieser Vorstellungswelt verhaftet nehmen die Verfechter der Lehren von Silvio Gesell beispielsweise an, die Abschaffung des Zinses sei möglich, ohne die kapitalistischen Formen der Überschussproduktion verändern zu müssen, da diese keine wirkliche Relevanz besitzen würden. Doch ist dies eine Illusion. Geld ist eine Forderung, die erfüllt werden muss, und zwar durch reale Produktion von Waren, die einen von der Arbeitskraft produzierten Mehrwert enthalten, der in der Zirkulation, auf dem Markt in Geld verwandelt und als Profit realisiert wird – wenn alles gut geht. Wenn die Geldvermögensbesitzer infolge steigender Realzinsen und Renditen sich einen immer größeren Anteil des Überschusses aneignen können und vielleicht die Substanz von Vermögen angreifen, dann ist die gesellschaftliche Krise unausweichlich – so wie es die Finanzkrisen in den vergangenen Jahrzehnten und die gegenwärtige globale Finanzkrise mahnend zeigen. Die Zinsen üben tatsächlich Druck auf den Produktionsprozess und auf den Staatshaushalt aus, und diese Belastung endet, wenn nicht entgegengewirkt wird, in einer brutalen Umverteilung zu Lasten der Bezieher von Lohn- und Gehaltseinkommen und zu Gunsten der Bezieher von Zinsen und Renditen. Dieser Mechanismus kann nicht durch die Einführung eines Negativzinses gestoppt werden, wie die Anhänger der Lehre Gesells (und seiner Nachfolger) selbstsicher, aber realitätsblind annehmen. Dies ginge nur durch komplexe gesellschaftliche Regulierung, nicht nur von Geld und Finanzen, sondern auch der Produktions-, Lebens- und Arbeitsbedingungen.

Der Markt als Ort der Koordination arbeitsteiliger Produktion

Auch Marx beschäftigt sich mit dem Markt im Kapitalismus. Denn die Teilung der Arbeit wird zwar in der einzelnen Fabrik, aber auch in der Gesellschaft im Allgemeinen durch Marktkräfte reguliert. Die Arbeitsteilung im Besonderen, d.h. im Innern der Werkstatt, muss von der Arbeitsteilung im Allgemeinen, also in der Gesellschaft, unterschieden werden, auch wenn der Zusammenhang offenbar ist: »Die manufakturmäßige Teilung der Arbeit unterstellt die unbedingte Autorität des Kapitalisten über Menschen, die bloße Glieder eines ihm gehörigen Gesamtmechanismus bilden; die gesellschaftliche Teilung der Arbeit stellt unabhängige Warenproduzenten einander gegenüber, die keine andre Autorität anerkennen als die der Konkurrenz, den Zwang, den der Druck ihrer wechselseitigen Interessen auf sie ausübt ... Dasselbe bürgerliche Bewußtsein, das die manufakturmäßige Teilung der Arbeit, die lebenslängliche Annexation des Arbeiters an eine Detailverrichtung und die unbedingte Unterordnung der Teilarbeiter unter das Kapital als eine Organisation der Arbeit feiert, welche ihre Produktivkraft steigre, denunziert daher ebenso laut jede bewußte gesellschaftliche Kontrolle und Regelung des gesellschaftlichen Produktionsprozesses als einen Eingriff in die unverletzlichen Eigentumsrechte, Freiheit und sich selbst bestimmende ›Genialität‹ des individuellen Kapitalisten. Es ist sehr charakteristisch, dass die begeisterten Apologeten des Fabriksystems nichts Ärgres gegen jede allgemeine Organisation der gesellschaftlichen Arbeit zu sagen wissen, als dass sie die ganze Gesellschaft in eine Fabrik verwandeln würde.« (MEW 23: 377)

Der Markt ist also ein Medium der gesellschaftlichen Teilung der Arbeit in der Zirkulation, die im Besonderen in der Fabrik, also unter einzelkapitalistischer Hoheit des Unternehmens als herrschaftliche Veranstaltung in der Produktion beginnt und sich im Allgemeinen in der Gesellschaft als komplexer Tauschprozess zwischen formell freien Individuen fortsetzt. Nur in der Teilung der Arbeit kommen die Produktivitätsfortschritte zustande, die die Produktion relativen Mehrwerts – heute würden wir sagen: zur Steigerung der Wettbewerbsfähigkeit von Standorten – möglich machen. Arbeitsteilung im Einzelnen, im Besonderen und Allgemeinen ist eine Einheit, und diese Einheit wird durch die kapitalistische Form zusammengehalten. Den Kapitalismus aus dem Fenster jagen und der Marktwirtschaft mit sozialem Attribut den roten Teppich ausrollen, ist kein theoretisch überzeugendes und politisch tragfähiges Projekt, auch wenn dieses die Unterschrift von Nobelpreisträgern trägt.

Das ist auch die Krux mit der sozialistischen Marktwirtschaft, die als Konzept von Oskar Lange und anderen in den 30er Jahren des vorigen Jahrhunderts entwickelt worden ist. Da wird sehr richtig davon ausgegangen, dass die zentrale Planung den Markt nicht vollständig ersetzen kann, dass die gesellschaftliche Arbeitsteilung in ihrer Komplexität nicht durch einen zentralistischen Plan simuliert werden kann. Nur eine Kombination von Markt und Plan komme in Frage. Und damit sich der Kapitalismus nicht durch Tür oder Fenster wieder hineindrängt, müssen öffentliche Räume gegen das private Eigentum geschaffen werden. Dies gelingt aber nur, wenn die Bürgerinnen und Bürger, die Arbeiterinnen und Arbeiter ihr Schicksal selbst in die Hand nehmen, also wirtschaftsdemokratisch die Auslieferung an den Markt verhindern und zugleich Einfluss auf den Reproduktionsprozess des Kapitals nehmen.

Daher reicht es nicht aus, den Markt durch den Plan zu ersetzen. Es müssen auch die Produktionsweisen, die Konsummuster, das gesellschaftliche Verhältnis zur Natur neu gestaltet werden. Es ist nicht ausreichend, den Austausch auf dem Markt zu regulieren, »Vertrauen« wiederherzustellen, wenn es wie in der gegenwärtigen Finanzkrise zerstört ist. Es geht um die Gestaltung der Produktionsverhältnisse, es geht also um die gesellschaftliche Regulierung aller Dimensionen von Produktion, Zirkulation und Austausch.

10. Kapitalismus im Plural und »pluraler Marxismus«

Niemand wird behaupten, der Kapitalismus zu Adam Smith' Zeiten im späten 18. Jahrhundert und der Turbo-Kapitalismus des frühen 21. Jahrhunderts seien gleich. Und niemand wird bestreiten wollen, dass sich der deutsche, britische, US-amerikanische oder chinesische und südafrikanische Kapitalismus heute unterscheiden lassen. Daher setzt sich Marx im »Kapital« mit dem »Kapital im Allgemeinen« und dessen »Bewegungsgesetzen« keineswegs unabhängig von den historischen Unterschieden der kapitalistischen Gesellschaften auseinander. Ebenso wenig ist es möglich, zumindest nicht sinnvoll, unabhängig voneinander zunächst den Begriff des Gesamtkapitals zu rekonstruieren, um dann in der Darstellung der Konkurrenz der vielen Kapitale in den einzelnen Industriezweigen und zwischen ihnen den facettenreichen historischen Verlauf der Kapitalismen nachzuzeichnen. Marx hat beides unternommen, eine »reine Theorie« des Kapitalismus (so würde Marx' Analyse in der Tradition des japanischen Marxisten Kozo Uno eingeordnet werden) zu entwickeln und gleichzeitig der historischen Stufenfolge von Entwicklung und der Vielfalt der Kulturen und Traditionen Rechnung zu tragen.

Michael Heinrich hat überzeugend herausgearbeitet, dass auch die Dynamik des Kapitals im Allgemeinen nur angemessen verstanden werden kann, wenn die Bewegung der vielen Kapitale in der Konkurrenz Berücksichtigung findet, d.h., wenn historische Prozesse nicht als eine Art »Verunreinigung« der reinen Begriffsbildung abgetan werden. Eine mehrdimensionale Aufgabe ist also zu erledigen: Marx-Interpretationen erarbeiten, die Verbindung von allgemeinem Begriff und der Sphäre der Konkurrenz vieler Kapitale herstellen und dann, wie in der Weltsystemtheorie, den »historischen Kapitalismus« zum Gegenstand der Analyse erheben. Denn lässt sich die »Botschaft« des Kapitalismus, die Produktivkräfte zu steigern, auf der Ebene der allgemeinen Tendenzen des Kapitals begründen, ohne den Stachel der Konkurrenz, das Streben nach Extra-Mehrwert und -profit und die darauf bezogenen sehr konkreten Strategien der Einzelkapitale, sprich: der Unternehmen und ihres Managements, in die Untersuchung einzubeziehen? Wohl kaum.

Verschiedene Wege führen zum Kapitalismus und über ihn hinaus

Lassen wir Marx selbst zu Wort kommen. In drei längeren Entwürfen und einem kurzen Brief an die russische Volkstümlerin Vera Sassulitsch aus dem Frühjahr 1881 (MEW 19: 242f.; 384-406) schreibt er zunächst hinsichtlich der Grundtatbestände eines kapitalistischen Systems: »Dem kapitalistischen System liegt … die radikale Trennung des Produzenten von den Produktionsmitteln zugrunde ... Die Grundlage dieser ganzen Entwicklung ist die *Expropriation der Ackerbauern*. Sie ist auf radikale Weise erst in England durchgeführt ... Aber *alle anderen Länder Westeuropas* durchlaufen die gleiche Bewegung.« (MEW 19: 242) Er fügt dann aber hinzu: »Die ›historische Unvermeidlichkeit‹ dieser Bewegung ist also *ausdrücklich* auf die *Länder Westeuropas* beschränkt.« Denn, so zitiert er aus der französischen Ausgabe des »Kapital«, »das *Privateigentum*, das auf persönlicher Arbeit gegründet ist ..., wird verdrängt durch *das kapitalistische Privateigentum*, das auf der Ausbeutung der Arbeit andrer, auf Lohnarbeit gegründet ist.« Und: »Bei dieser Bewegung im Westen handelt es sich um die *Verwandlung einer Form des Privateigentums in eine andere Form des Privateigentums.* Bei den russischen Bauern würde man im Gegenteil *ihr Gemeineigentum in Privateigentum umwandeln.*«

Schlussfolgerung: »Die im ›Kapital‹ gegebene Analyse enthält also keinerlei Beweise – weder für noch gegen die Lebensfähigkeit der Dorfgemeinde, aber das Spezialstudium, das ich darüber getrieben und wofür ich mir Material aus Originalquellen beschafft habe, hat mich davon überzeugt, dass diese Dorfgemeinde der Stützpunkt der sozialen Wiedergeburt Russlands ist; damit sie aber in diesem Sinne wirken kann, müsste man zuerst die zerstörenden Einflüsse, die von allen Seiten auf sie einstürmen, beseitigen und ihr sodann die normalen Bedingungen einer natürlichen Entwicklung sichern.« (MEW 19: 242f.) Diese

Ausführungen sind insofern bemerkenswert, als sie jedem historischen Determinismus entgegen gerichtet sind und Raum für viele, in je spezifischen Traditionen und Kulturen verankerte Praxen und Formen der gesellschaftlichen Reproduktion öffnen. Auch der Begriff des »Bewegungsgesetzes« verweist nicht auf historische Zwangsläufigkeit; die konkrete Geschichte wird in konkreten Situationen praktisch gestaltet, und daher kann der »Explex«, das gesellschaftliche Resultat von Auseinandersetzungen um die Ordnung der Gesellschaft auch etwas ganz anderes sein bzw. werden als beispielsweise das kapitalistische Großunternehmen in einem Komplex der modernen »Großen Industrie«. Die Produktion kann auch genossenschaftlich organisiert sein.

Marx war die Strenge der begrifflichen Entfaltung ebenso wichtig, wie es die historischen Besonderheiten waren. Diese mussten sowohl bei strategischen Schlussfolgerungen berücksichtigt werden, als auch in die empirischen Illustrationen allgemeiner Gesetze Eingang finden. Im »Kapital« wird man daher Ausführungen über allgemeine Gesetze (z.B. im 23. Kapitel des ersten Bandes) finden und in diesem Kapitel eine ausführliche »Illustration des allgemeinen Gesetzes der kapitalistischen Akkumulation«. Letztere verwendet nur Beispiele aus dem England seiner Zeit, und schon deshalb kann sie keine Allgemeingültigkeit beanspruchen.

Die kapitalistischen Bewegungsgesetze (auf der begrifflichen Ebene des Kapitals im Allgemeinen) erscheinen (in der historisch-empirischen Untersuchung) als eine Tendenz, die in empirischen Datenreihen die Gestalt eines Zyklus von Konjunkturen und Krisen annehmen. Die Zyklen und die historischen Tendenzen sind in einzelnen Ländern, die auch in Zeiten der Globalisierung noch als unterscheidbare Einheiten gelten, sehr unterschiedlich. Beispielsweise sind die wirtschaftlichen Wachstumsraten in reichen und »gesättigten« Industrieländern relativ niedrig und in nachholend sich industrialisierenden Schwellenländern zeitweise sehr hoch. Dabei gehen die Wege auseinander, obwohl doch die Gesetze des Kapitals im Allgemeinen Gültigkeit beanspruchen. Das wird schlagend deutlich, wenn das kapitalistische Weltsystem insgesamt in eine schwere Krise gerät.

Dann setzt sich die »Dialektik des Kapitals« geschichtlich durch und alle Länder sind von der Krise betroffen, gleichgültig welcher »kapitalistischen Spielart« sie zuneigen.

Marx – ein Modernisierungstheoretiker?

Doch aus dem »Vorwort« zum ersten Band des »Kapital« könnte man herauslesen, dass Marx der Auffassung war, es existiere eine dominante Entwicklungsbahn der kapitalistischen Produktionsweise, der alle Nationen zeitversetzt folgen würden. An den deutschen Leser gerichtet schreibt er: »Sollte jedoch der deutsche Leser pharisäisch die Achseln zucken über die Zustände der englischen Industrie- und Ackerbauarbeiter oder sich optimistisch dabei beruhigen, dass in Deutschland die Sachen noch lange nicht so schlimm stehn, so muss ich ihm zurufen: De te fabula narratur. An und für sich handelt es sich nicht um den höheren oder niedrigeren Entwicklungsgrad der gesellschaftlichen Antagonismen, welche aus den Naturgesetzen der kapitalistischen Produktion entspringen. Es handelt sich um diese Gesetze selbst, um diese mit eherner Notwendigkeit wirkenden und sich durchsetzenden Tendenzen. Das industriell entwickeltere Land zeigt dem minder entwickelten nur das Bild der eignen Zukunft.« (MEW 23: 12)

Er fügt aber hinzu: »Wo die kapitalistische Produktion völlig bei uns eingebürgert ist, z.B. in den eigentlichen Fabriken, sind die Zustände viel schlechter als in England, weil das Gegengewicht der Fabrikgesetze fehlt. In allen andren Sphären quält uns, gleich dem ganzen übrigen kontinentalen Westeuropa, nicht nur die Entwicklung der kapitalistischen Produktion, sondern auch der Mangel ihrer Entwicklung. Neben den modernen Notständen drückt uns eine ganze Reihe vererbter Notstände, entspringend aus der Fortvegetation altertümlicher, überlebter Produktionsweisen, mit ihrem Gefolg von zeitwidrigen gesellschaftlichen und politischen Verhältnissen. Wir leiden nicht nur von den Lebenden, sondern auch von den Toten. Le mort saisit le vif!« (MEW 23: 13ff.)

Diese Passage ist interessant. Denn zunächst wird mit großer Bestimmtheit auf die allgemeingültigen Tendenzen in kapitalistisch organisierten Gesellschaften verwiesen, die er beansprucht, im »Kapital« als die »ökonomischen Bewegungsgesetze der modernen Gesellschaft« (MEW 23: 15) zu explizieren. Mit Zeitverzögerung setzen sie sich in allen Ländern durch, auch in den weniger entwickelten. Das ist der Grund, weshalb Marx manchmal als »Modernisierungstheoretiker« bezeichnet wird. Seine kursorischen Ausführungen über die Rolle des britischen Imperialismus in Indien unterstützen modernisierungstheoretische Interpretationen. Alle Gesellschaften folgen der von den entwickelten Kapitalismen vorgezeichneten Entwicklungsbahn, wie sie aus dem »Kapitalbegriff im Allgemeinen« abgeleitet werden kann, »und daher kann und soll eine Nation von der andern lernen« (MEW 23: 15). Welch eine triumphale Bestätigung für diese Weltsicht, als nach 1989 auch die ehemals realsozialistischen Länder auf die Bahn des Kapitalismus einschwenkten.

Doch Marx ist vorsichtig und redlich. Er verweist auf die Unterschiede zwischen den kapitalistischen Nationen, zu seiner Zeit zwischen England und Deutschland, auf die Bedeutung der unterschiedlichen politischen Regulierung für die empirisch konkreten Verhältnisse. England war im 19. Jahrhundert ein Land mit einer Fabrikgesetzgebung, d.h. mit gewissen Regularien des Schutzes der Arbeit; Deutschland war es damals nicht. Diese und andere Unterschiede (der Managementstil, die Finanzierungsmodi von Unternehmen, das Verhältnis von Markt und Staat etc.) sind es, die heute eine ganze Armada von Soziologen beschäftigen, um vergleichend den atlantischen und rheinischen, den finanzgetriebenen und eher »bodenständigen«, an die Produktion von Waren und Dienstleistungen gebundenen Kapitalismus zu erforschen und zu vergleichen. Die Ausbeute ist zumeist langweilig, wenn man die umfangreiche Literatur Revue passieren lässt. Das liegt vor allem daran, dass beim soziologischen Vergleich der Wald vor lauter Bäumen nicht mehr gesehen wird, dass die Dynamik des inzwischen globalisierten Kapitalismus aus den Augen gerät – nach den Bewegungsgesetzen also gar nicht mehr gefragt wird, weil vor allem die Ergebnisse der unterschiedlichen Regulation interessieren, um von den »erfolgreichen Modellen« zu lernen.

Ein solches interessiertes Vorgehen verdrängt, dass erstens in der historischen Entwicklung nicht das wiederholt wird, was das mehr entwickelte Land vorexerzierte, auch wenn Nationen voneinander lernen können und sollen, sondern neue Regulationsformen der kapitalistischen Verhältnisse von Lohnarbeit und Kapital entstehen, dass zweitens der Gesamtreproduktionsprozess des Kapitals unendlich viele Facetten aufweist, die sich immer um einen Kernbestand von Kategorien der kapitalistischen Produktionsweise drehen, dass drittens auch – wie in dem Brief an Vera Sassulitsch hervorgehoben – die historische Herkunft der Kapitalismen, ihre kulturelle Tradition zählen.

Marxismus im Plural

Die Diversität der historischen Kapitalismen und die sich daraus ergebenden sehr spezifischen Anforderungen an die Strategiebildung und deren theoretische Begründung haben zur Herausbildung verschiedener Marxismen in verschiedenen Ländern und Kulturen beigetragen. Der Marxismus ist schon aus diesem Grund »pluraler Marxismus« (W.F. Haug). Politische Praxis findet immer im konkreten Raum der Geschichte statt, aber sie unterliegt Restriktionen, die sich aus den allgemeinen Entwicklungstendenzen des Kapitalismus ergeben und überörtlich und in der langen Zeitperspektive (Fernand Braudel) gelten und die deshalb die theoretische Reflexion zur Begründung der Praxis erfordern.

Mit dem Blick aus dem (europäischen) Zentrum erscheinen die historischen Kapitalismen in Japan oder Lateinamerika und anderswo als Abweichungen oder Modifikationen der durch den Begriff des Kapitals im Allgemeinen gesetzten Regel. Mit dem Blick aus anderen Weltregionen erscheint der europäisch-atlantische Kapitalismus als eine mögliche Spielart neben anderen. Der einst einflussreiche japanische Marxist Kozo Uno hat methodisch den Übergang von der Analyse der »Dialektik des Kapitals« von den allgemeinen Entwicklungstendenzen zu ihrer je konkreten Geschichte zu begründen versucht. Die Betonung der historischen Unterschiede und zugleich der Kernbestandteile der kapitalistischen Ökonomie ermöglicht auch strategische Schlussfolgerungen.

Den (vor allem) lateinamerikanischen Dependenztheoretikern geht es um das Auffinden von Wegen aus der Unterentwicklung, deren Ursache in einem permanenten Werttransfer aus dem globalen Süden in den entwickelten Norden aufgrund von ungleichen Tauschbeziehungen erblickt wird. Dies ist mit der Marxschen Position nicht voll kompatibel, da die ungleiche Verteilung innerhalb des Weltsystems in der Produktion ihren Ursprung hat. Im Austausch, so schreibt Marx im vierten Kapitel des ersten Bandes des »Kapital«, verlieren die einen, was die anderen gewinnen. Dennoch ist dieser Ansatz in Verbindung mit der Theologie der Befreiung, die sich (etwa in den Schriften des argentinisch-mexikanischen Philosophen Enrique Dussel) explizit auf Marx beruft, historisch sehr wirkungsmächtig geworden.

Wenn man also anerkennt, dass es zwar allgemeine Bewegungsgesetze des Kapitalismus gibt, die auf der Ebene des Kapitals im Allgemeinen analysiert werden müssen, aber auch historische Kapitalismen, die sich beträchtlich unterscheiden können, und wenn man weiterhin davon ausgeht, dass es nicht nur einen Entwicklungspfad gibt, sondern derer viele, dann wird man auch akzeptieren müssen, dass Marxismus nur im Plural existieren kann. Auf dieser Grundlage kann der Streit um die überzeugendsten Interpretationen des modernen Kapitalismus und um die glaubwürdigsten Alternativen ausgetragen werden.

Die historische Vielfalt des Kapitalismus ist die Bedingung seiner Flexibilität. Diese zeigt sich daran, dass der Gegensatz von Lohnarbeit und Kapital, das Geldverhältnis oder der Umgang mit der Natur, die internationalen Beziehungen und das System der politischen Regulation in ganz unterschiedlichen historischen Formen, also Institutionen und Akteurskonstellationen, organisiert werden können. Wenn man nun Kriterien entwickelt, an denen der Erfolg der jeweiligen Konstellationen abgelesen werden kann, ist man sogleich in der Komparatistik der »varieties of capitalism«. Wenn man nicht zu unterschlagen bereit ist, dass jenseits aller historisch-empirischen Verschieden- und Besonderheiten doch ein kapitalistischer Kern bleibt, dann muss dieser in »dialektischer Analyse« (würde Kozo Uno sagen) des »Kapitals im Allgemeinen« erschlossen werden: Das Privateigentum an Produktionsmitteln, deren Nutzung als Kapital, indem Lohnarbeit ausgebeutet wird, die Produktion von Waren mit einem Mehrwert, der die Geldform annehmen muss, soll die Ausbeutung der Lohnarbeit Erfolg haben. Deshalb sind kapitalistische Gesellschaften immer Arbeits- und Geldgesellschaften zugleich. Das ist der Kern, dessen Verkleidung historisch beträchtlich variiert. Wer die kapitalistische Produktionsweise reformieren oder umwälzen will, muss den Kern knacken, aber dabei um die Varietäten der schützenden Verkleidung wissen.

11. Die Marxsche Staatstheorie und was man heute damit anfangen kann

Marx entschlüsselt die kapitalistische Gesellschaft und ihre Dynamik von der »Elementarform« des gesellschaftlichen Reichtums, von der einzelnen Ware her. Wie man von dort zum Allgemeinen des Kapitalverhältnisses gelangen kann, hat Marx in seiner Ableitung, seiner Explikation der politisch-ökonomischen Kategorien vorgeführt. Es wird von Marx im Explex auch begründet, worin die Macht des Kapitals in der Gesellschaft besteht und wie sie sich reproduziert. Auch wie Arbeiterkämpfe gegen die Macht des Kapitals geführt werden, und dass alle Geschichte eine Geschichte von Klassenkämpfen ist, wie es im »Kommunistischen Manifest« (MEW 4) von Marx und Engels heißt, wird im »Kapital« und in vielen anderen Schriften thematisiert.

Ökonomische und politische Macht, die Gewalt und der Staat

Ökonomische und politische Macht, die Gewalt und der Staat haben eine Geschichte, die von Marx in vielen historischen Illustrationen allgemeiner Entwicklungstendenzen und in besonderem Maße in dem Kapitel zur »sogenannten ursprünglichen Akkumulation« des Kapitals (MEW 23, 24. Kapitel) aufgerufen wird. Das Kapital kommt durch »schmutzige Haupt- und Staatsaktion, die mit dem Exploitationsgrad der Arbeit die Akkumulation des Kapitals polizeilich steigert« (MEW 23: 770), zur Welt. Ohne die politische, die polizeiliche und militärische Macht des Nationalstaats hätte es weder die Plünderung der Kolonien, noch die Vertreibung der Bauern vom Land und ihre Verwandlung in eigentumslose Proletarier mit Hilfe von »grotesk-terroristischer« Blutgesetze (MEW 23: 765) noch die Entstehung der neuen Pächterklasse oder die Bereicherung der frühen Kapitalisten im Zuge der Privatisierung einst öffentlicher Gemeingüter oder durch die Staatsschulden gegeben. »Gewalt ist der Geburtshelfer jeder alten Gesellschaft, die mit einer neuen schwanger geht«, auch der kapitalistischen Gesellschaft. Marx fügt aber erläuternd hinzu, um jede Loslösung von den politisch-ökonomischen Grundlagen zu vermeiden: Die Gewalt »selbst ist eine ökonomische Potenz«. (MEW 23: 779)

Marx und Engels, der sich ja in scharfsinnigen Analysen besonders mit den Kriegen seiner Zeit auseinandersetzte, kommen gar nicht darum herum, sich mit den politischen (und nicht nur mit den ökonomischen) Dimensionen der Macht, mit dem Staat und seinen Institutionen, mit Armee, Steuerpolitik und Staatsanleihen zu beschäftigen. Marx und Engels haben die Ökonomie immer als politische Ökonomie verstanden und haben daher auch das Verhältnis von Kapital und Staat oder die Regulation des Verhältnisses von Lohnarbeit und Kapital in den rudimentär entwickelten sozialstaatlichen Einrichtungen ihrer Zeit in ihre Überlegungen einbezogen.

Doch wie muss auf theoretisch überzeugende Weise die Begriffsentfaltung von der einzelnen Ware nicht nur zum Geld und zur Kategorie des Kapitals, sondern auch zum Allgemeinen des Politischen, zur Kategorie des Staates fortgesetzt werden? Der Reichtum kann in der Form des Gebrauchswerts, den die Waren annehmen, genossen und in der Form des Tauschwerts oder Werts gemehrt, also akkumuliert werden, insbesondere wenn der Wert sich in Geld verwandelt. Dann erscheint die Gesellschaftlichkeit, also das Allgemeine der kapitalistischen Produktionsweise, in der Form des Geldes. »Gold und Silber, wie sie aus den Eingeweiden der Erde herauskommen, sind zugleich die unmittelbare Inkarnation aller menschlichen Arbeit. Daher die Magie des Geldes« (MEW 23: 107), die erst wieder im finanziellen Krach, wie wir ihn derzeit erleben, entzaubert wird. Doch damit eine schwere Finanzkrise ausbrechen kann, muss das Geld schon seine goldige und silbrige Gestalt abgestreift und sich mit Papier und elektronischen Bits und Bytes eingekleidet haben. Letztere sind eigentlich wertlos, weil in ihnen (fast) keine Arbeit steckt, es sei denn sie erhalten einen staatlich gesetzten und garantierten Zwangskurs mit der Versicherung, dass mit diesem Geld Schuldverpflichtungen ultimativ eingelöst werden und dass verbriefte monetäre Forderungen wie jede andere Ware auch als »originierte Wertpapiere« auf dafür geschaffenen Marktplätzen (an der Wertpapierbörse) gehandelt werden können. Jeder kann auf diese politischen Zusicherungen vertrauen. Doch dafür bedarf es eines die Allgemeinheit verkörpernden und repräsentierenden Institutionensystems, das mit Zwangsgewalt ausgestattet ist, des Staates.

Die Defizite einer »Staatsableitung«

Der Staat, vor allem die Zentralbank, übernehmen die Verantwortung für den Geldwert. Doch das ist nicht alles, was nur der Staat in der bürgerlichen Gesellschaft garantieren kann. Besonders wichtig sind Eigentumsrechte. Nur wenn diese wechselseitig respektiert und zur Not auch gegen gesellschaftlichen Widerstand durchgesetzt werden können, haben Verträge zwischen individuellen Rechtssubjekten eine solide Grundlage. Verträge werden bei jedem Tauschakt von Waren geschlossen, manchmal explizit, wenn es sich um größere Transaktionen handelt, zumeist im Alltagsleben implizit und gedankenlos, wenn wir auf dem Wochenmarkt ein Kilo Äpfel oder ein Stück Käse kaufen oder die Haare im Friseursalon schneiden lassen. Dass hier Verträge geschlossen worden sind, kommt erst im Streitfall zu Bewusstsein. Dann benötigt man eine neutrale Instanz der Streitschlichtung, die nach verbindlichen Regeln, nach Gesetz und Recht operiert und den Interessen des Ganzen, und nicht den Interessen der einen oder anderen Vertragspartei verpflichtet ist.

Der Staat ist aber nur in der Theorie ein Garant der Ordnung. Je mehr sich in der neoliberalen Welt der Staat von der Regulation zurückzieht, desto mehr können in der Praxis private Einzelinteressen ausgreifen und in unterschiedlichster Weise öffentliche, der Allgemeinheit verfügbare Räume ihrem privaten Regime und Interesse unterwerfen: durch Privatisierung öffentlicher Güter und Dienste, durch Kauf von politischen Entscheidungsträgern, durch gewaltförmige Aneignung von natürlichen und gesellschaftlichen Reichtümern. Dies geschieht immer dann, wenn die damit erzielbaren Renditen im Vergleich mit der Profitrate auf industrielles Kapital attraktiv sind. Wenn erst Geld, also monetäre Forderungen verbrieft und durch den Staat geschützt sind, geht in der Krise der Handel mit ihnen in aller Regel auf Kosten von Arbeitsplätzen und Masseneinkommen.

Dass der Staat einen Ordnungsrahmen für die Ausübung von Eigentums- und Aneignungsrechten sichert, hat eine lange bürgerliche Tradition seit John Locke und Adam Smith. Das ist keine Marxsche Entdeckung. Eigentumsrechte sind exklusiv und daher bedarf es der Gewalt, mit der nicht Berechtigte von Sachen ausgeschlossen werden, an denen sie kein Recht haben. Die Staatsgewalt schützt das Eigentum, das ist neoliberales Selbstverständnis und daher Gebot. Ohne Ordnung, die der Staat mit allen seinen Gewalten garantiert, funktioniert keine auf privatem Eigentum beruhende Ordnung. Milton Friedman hat in seinem Klassiker »Capitalism and Freedom« aus dem Jahre 1962 (dafür hat er den Nobelpreis erhalten) eine Lanze für »law and order« gebrochen. Deshalb haben die deutschen Neoliberalen ihrem Hausorgan schon in den 1940er Jahren den Namen »Ordo« gegeben. Ordnung muss sein, und dafür hat der Staat ordnungspolitisch zu sorgen.

Marx hat diese Argumentationslinie, die zu einer Staatstheorie ausgebaut werden könnte, nicht sehr weit verfolgt. Er plante zwar nicht nur ein Buch über »Das Kapital«, sondern auch ein Buch über den Weltmarkt und über den Staat. Er ist dazu nicht gekommen. Später ist von J. Paschukanis in den 1920er Jahren und in der »Staatsableitungsdiskussion« in den 1970er Jahren (im Kontext der Marx-Rezeption durch die damals »bewegten« Studenten) versucht worden, diese Lücke zu füllen. Darin sollten die Kategorien des Politischen in ähnlich systematischer Weise »abgeleitet« werden wie die Kategorien der politischen Ökonomie. Dabei haben sich Grenzen dieses Ansatzes gezeigt, und zwar auch dort, wo der Staat als »illusionäres Gemeinwesen« von formal freien Bürgerinnen und Bürgern oder als »außerökonomische Zwangsgewalt« zur Sicherung eines sozialen Rahmens, zur Bereitstellung einer ökonomischen Infrastruktur und zum Schutz der natürlichen Umwelt gegen übermäßige Zerstörung konzipiert wird.

Die Beschränktheit dieses Ansatzes ist darin zu erblicken, dass der Staat vor allem als funktional notwendig im Rahmen des kapitalistischen Akkumulations- und Reproduktionsprozesses verstanden wird. Zu wenig wird dabei berücksichtigt, dass der Staat aus einer Vielzahl von Institutionen auf verschiedenen Ebenen besteht, die sehr unterschiedliche und nicht selten gegensätzliche Perspektiven verfolgen. Es gibt also innerhalb des Staates und seiner Apparate Konflikte. Darüber hinaus aber ist der Staat eine Arena der Klassenauseinandersetzungen, die in der »Zivilgesellschaft« und in der Ökonomie ihren Ursprung haben.

Der Staat ist kein Machtcontainer

Das ist der Grund für das in den 1970er Jahren erneut aufkommende Interesse an der Theorie von Antonio Gramsci, der den Staat als einen Komplex von auch repressiven Staatsorganen (»società politica«) und von gesellschaftlichen Einrichtungen, Institutionen und Organisationen (»società civile«) verstand. Der Staat als Machtkomplex im weiteren Sinne ist auch durch die Ökonomie (»economia«) geprägt. Die Auffassung vom Staat als einem Instrument, das in einer Demokratie, in der die Arbeiterklasse die Mehrheit hat, für ihre Interessen genutzt werden kann, wird also zurückgewiesen. Der Staat ist kein »Machtcontainer«, der in »Gesellschaften, Ökonomien und Kulturen« quasi herumsteht, und aus dem sich die Findigsten und Mächtigsten erstens bedienen können und der zweitens in Gesellschaft und Ökonomie interveniert (»Staatsinterventionismus«).

Vor allem Nicos Poulantzas hat betont, dass zwar der Interventionsstaat mit seinen politischen Institutionen aus sozialen Auseinandersetzungen hervorgegangen und auf die aktive Mitarbeit der Bürgerinnen und Bürger angewiesen sei. Eine hegemoniale Ordnung bewegt sich zwar durch soziale Konflikte, braucht aber, so könnte man sagen, auch den Konsens, vielleicht nur einen minimalen, einen Basiskonsens, um nicht in Fragmente zu zerbrechen. Diese Gefahr ist groß, wenn Gesellschaften durch den Markt gesteuert werden, weil dann Individuen sich nicht zu Kollektiven »gesellen« können, sondern vereinzelte Marktteilnehmer bleiben. Für den gesellschaftlichen Zusammenhalt sorgen nach Gramscis Vorstellung vor allem die Institutionen der Zivilgesellschaft. Doch gleichzeitig ist der Staat »Ort und Zentrum der Machtausübung« (Poulantzas 2002: 179), der Kontrolle des gesellschaftlichen Zusammenlebens mit Hilfe der »società politica«.

Hier treffen sich Poulantzas und reformistische Staatstheoretiker, die wie Rudolf Hilferding mit der »Eroberung« der Staatsapparate durch die proletarischen Mehrheiten rechnen. So ist es nicht gekommen, und so kann es nicht kommen, wie mit höchst unterschiedlichen Argumenten Luciano Canfora (2006) in seiner »kurzen Geschichte der Demokratie« oder Michel Foucault mit seinem Ansatz der »gouvernementalité«, einer Art Selbstkontrolle der Individuen, um in der Marktgesellschaft den äußeren Anforderungen entsprechend zu funktionieren, begründet haben.

Die Auffassung vom Staat als Machtcontainer, dessen man sich bedienen muss, wird systematisch von Henri Lefèbvre kritisiert. Es sei eine fetischhafte Vorstellung von der Macht, wenn man sie in einem Container gebündelt sehe und nicht begreife, dass sie in den kapillaren Netzwerken der Gesellschaft bewegt werde. Die Macht kann nicht »außerhalb des Lebens« gestellt werden, sodass sie »als staatliche Herrschaft erscheint« (1991: 233). Die Macht ist diffus verteilt, also schwer zu fassen und noch schwerer einzusetzen. Macht resultiert nach seiner Vorstellung letztlich aus den komplexen Beziehungsmustern des Alltagslebens, auf denen Staatstätigkeiten nur auflagern. Also kommt es auch darauf an, das Alltagsleben in der Gesellschaft zu verändern und nicht auf die Übernahme der politischen Macht im Staate zu setzen und dann lange und frustriert zu warten. Es geht also nicht um die »Schaltstellen der Macht«, die in allen an Lenin anknüpfenden revolutionären Strategien zentrale Bedeutung haben (man lese dazu »Staat und Revolution« von Lenin), sondern um das produktive Experimentieren mit neuen Formen der Vergesellschaftung. Mit der »Eroberung« der Schaltstellen der Macht ist ja das System nicht ausgewechselt. Lediglich das steuernde Personal ist ausgetauscht, lautet die Kritik.

Diese hat einen international weit rezipierten Vertreter in John Holloway gefunden. Er versucht, nicht zuletzt unter dem Eindruck des gescheiterten Sozialismus des 20. Jahrhunderts, eine theoretisch mit Marx begründete Strategie zu entwickeln, wie die Gesellschaft verändert werden kann, ohne die Macht zu ergreifen. Der »Machtcontainer« mag stehen, wo er will, er mag offen oder verschlossen sein – mit seiner Eroberung ist, so Holloway nichts gewonnen. Überzeugender seien die Versuche der Zapatistas in Mexiko, »fragend voranzuschreiten« und die konkreten Lebensbedingungen vor Ort zu verändern, in Selbstverwaltung zu verbessern, und so aus der historisch ererbten Subalternität benachteiligter Völker und Klassen heraus zu finden. Was auf dem Land in Chiapas exemplarisch praktiziert wird, ließe sich auch in den Städten als ein »urbaner Zapatismus« realisieren. Doch hat sich gerade in Mexiko gezeigt, wie ein urbaner Zapatismus im Krieg von Staatsorganen und Drogenkartellen zerrieben wird.

Ohne den Staat geht es nicht

Dann zeigt es sich, wie wichtig auch für soziale Bewegungen der Zugang zu staatlichen Ressourcen im weitesten Sinne ist, um das Alltagsleben, ja das Überleben überhaupt organisieren zu können. Das hat sich sehr deutlich in Bolivien, aber vor allem in Argentinien nach der schweren Krise von 2001 gezeigt (vgl. dazu Geiger 2010). Räume etwa können von sozialen Bewegungen nicht angeeignet werden, wenn dies die Staatsgewalt in Gestalt von Polizei und Militär verhindert, und wenn die Verhinderung obendrein strafbewehrt ist, also »law and order« zum Einsatz kommen. Auch sind es in aller Regel der nationale Staat oder internationale Governance-Strukturen, die zu sozialpolitischen Maßnahmen befähigt sind, auf die in Zeiten der Not mehr oder weniger große Bevölkerungsgruppen angewiesen sind. Die Ernährungsrevolten seit Beginn der Wirtschafts- und Ernährungskrise richten sich in aller Regel zugleich gegen den und an den Staat, um eine Verbesserung der Ernährungslage oder der Verteilung von Land zu erreichen.

Das wird nur schwer zu erreichen sein, wenn sich der Staat in einem internationalen Hayekschen Machtkomplex die Hände bindet. Dies kann durch internationale Verträge geschehen, die schwer oder gar nicht zu ändern sind und daher demokratischen Reformen einen Riegel vorschieben. Der Staat oder besser die nationale und supra- oder internationale Staatlichkeit wird genutzt, um neoliberale Reformen, um Privatisierungen öffentlicher Güter, die Liberalisierung von Märkten und die Deregulierung der Politik durchzusetzen. Die Staatsmacht wird in Arenen ausgespielt, zu denen das Staatsvolk keinen Zugang hat. Es kann dann auch nicht mitreden und sozialstaatliche Forderungen aufwerfen.

Schon 1970 haben in der damals so genannten Staatsableitungsdebatte Wolfgang Müller und Christel Neusüss die »Sozialstaatsillusion« der Sozialdemokratie treffend kritisiert. Was sie vor 40 Jahren nicht berücksichtigen konnten, waren die Krisen des globalisierten Kapitalismus, die inzwischen das Überleben in vielen Weltregionen gefährden. In dieser Lage ist es keine Illusion, vom Staat Eingriffe und Unterstützung zu erwarten. Doch ist es klar, dass sozial- und umweltpolitische Eingriffe dieser Qualität nur in Klassenauseinandersetzungen erreicht werden können, die im Staat ausgetragen werden und in denen den staatlichen Institutionen – wie Marx in vielen Zusammenhängen schreibt – die gesellschaftlichen Notwendigkeiten »aufgeherrscht« werden müssen, angefangen bei der Verkürzung der Länge des Arbeitstages und nicht endend bei den staatlich zu setzenden Normen von Hygiene in der Fabrik. Die Normierung ist Resultat eines Kampfes zwischen Kapitalisten und Arbeiterklasse (MEW 23: 249), und dieser Kampf, »dieser langwierige, mehr oder minder versteckte Bürgerkrieg zwischen der Kapitalistenklasse und der Arbeiterklasse« (MEW 23: 316), endet letztlich durch »Institutionalisierung des Klassenkonflikts«, durch Etablierung reformistischer Kompromisse.

Diese sind auf der einen Seite Erfolge, weil sich die Lebensbedingungen von Teilen der Arbeiterklasse und von subalternen Schichten verbessern, auf der anderen Seite aber befördern sie die Integration in das gesellschaftliche und staatliche Institutionensystem. Die »Ambivalenz des Reformismus« ist eine Begleiterscheinung von sozialen Bewegungen und ihrer Auseinandersetzungen um den und im Staat. Einerseits verbessern sie, wenn sie erfolgreich sind, die Lebens- und Arbeitsbedingungen. Andererseits tragen sie zur Integration in das gesellschaftliche System und seine politischen Institutionen bei.

Der Staat im Pluriversum der Nationalstaaten

Marx hatte ein überzeugendes Arbeitsprogramm, auch wenn er es nicht absolvieren konnte: Ökonomie, Staat und Weltmarkt im Kontext zu betrachten. Dieses Programm ist in Zeiten des nationalstaatlichen Wohlfahrts- und Interventionsstaates und des auf den Nationalstaat bezogenen Reformismus in den Hintergrund gedrängt worden. Es spielte eine Rolle in Trotzkis Theorie der »permanenten Revolution«: In Zeiten des Imperialismus wird »die Fackel der Revolution« von den schwächsten Gliedern der Kette, also von der Peripherie des Weltsystems ins Zentrum getragen. Wir wissen heute, dass es nicht die Revolution gibt, die sich wie ein Buschfeuer ausbreitet, sondern – um im Bild zu bleiben – viele Brandherde, nicht immer miteinander verbunden, auf unterschiedlichste Weise verursacht und mit sehr verschiedenen Konsequenzen. Und es arbeiten gegen die Brandherde unterschiedlich kompetente Feuerwehren.

Die moderne Globalisierung, so schien es, bietet ein Koordinatensystem, in dem sich die Nationalstaaten mit ihren verschiedenen Kapitalismen (»varieties of capitalism«) verorten und in einer »Geoökonomie« miteinander konkurrieren können. In einer Geoökonomie, so Edward Luttwak, gibt es keine Feinde. Es herrscht die multiple Logik der Konkurrenz auf dem Weltmarkt und sie verdrängt die binäre Logik von Freund und Feind, worin nach Carl Schmitt das Politische besteht. Damit es zwischen konkurrierenden Marktteilnehmern zu keinen Konflikten kommt, müssen Ressourcen und Märkte reichhaltig zur Verfügung stehen. Ist das nicht der Fall, gelangt die friedliche Konkurrenz an Grenzen; jenseits der Grenzen werden Konflikte um knappe Ressourcen ausgetragen.

Darin geht es dann immer um Territorien, um Rohstoffgebiete, Öllagerstätten, Pipelinetrassen oder Tankerrouten. Deren Schutz wird zur Aufgabe von Nationalstaaten, die sich nun im Pluri- oder Multiversum der vielen Nationalstaaten befinden und mit sehr unterschiedlich wirkenden Machtapparaten (das Militär) ausgestattet sind. Nun zeigt es sich, dass eine moderne Staatstheorie in der Marxschen Tradition vielen Anforderungen genügen muss: Sie muss *erstens* nicht nur das Verhältnis von Politik und

Wirtschaft, von Macht und Akkumulation, von politischer und ziviler Gesellschaft in Rechnung stellen. Sie darf *zweitens* nicht nur über den Ort der Macht in einem sozialen Netzwerk oder in einer Art Machtcontainer räsonieren und auch nicht nur die im Staatsapparat selbst, in der Arena des Klassenkonflikte ausgetragenen Konflikte berücksichtigen, sondern sie muss *drittens* auch die Konflikte zwischen nationalen Staaten analysieren. Diese können sich tragischerweise, wie wir aus der Geschichte wissen, bis zum Krieg zuspitzen. Sie können aber auch nach dem Muster der für den Nationalstaat schon erwähnten »Institutionalisierung des Klassenkonflikts« durch die Bildung internationaler Institutionen oder transnationale Governance-Strukturen zumindest zeitweise stillgestellt werden. Es ist aber auch möglich, dass ökonomisch und politisch mächtige Parteien des Konflikts ihre Interessen durchsetzen. Das wäre der neue geopolitische Imperialismus. Da geht es dann weniger um die ökonomische Konkurrenz auf Märkten als um die Macht von Nationalstaaten im »Pluriversum« der vielen konkurrierenden Nationalstaaten.

12. Der kapitalistische Weltmarkt und imperiale Konflikte

In den »Grundrissen der Kritik der politischen Ökonomie« schreibt Marx im Jahre 1857, es sei »unmittelbar im Begriff des Kapitals selbst gegeben«, den »Weltmarkt zu schaffen« (Grundrisse: 311). Damit verweist er auf eine begrifflich (»ideell«) zu rekonstruierende historische Logik, die keineswegs immer und überall »real« hergestellt sein müsse (ebd.: 313). Doch in den brutalen Raubzügen der frühen Welteroberer aus Europa, in der Kolonisierung der Welt und der anschließenden Ausplünderung der Kolonien oder in den imperialistischen Auseinandersetzungen um »die weißen Flecken« auf der Landkarte des 19. und frühen 20. Jahrhunderts oder in der modernen Globalisierung »(erscheint) jede Grenze als zu überwindende Schranke« (ebd.: 311). Das Kapital bringt sich in der Herstellung eines kapitalistischen Weltsystems also auf den Begriff. Und dieser besagt, dass alle Welt in Ware, Wert und Geld verwandelt werden müsse. Dieser Prozess wird als »Inwertsetzung« bezeichnet, dies ist schon erwähnt worden. Inwertsetzung heißt, dass eine permanente Scheidung des Werthaltigen vom Wertlosen stattfindet. In dessen Verlauf entstehen unter aktiver Beteiligung des Staates private Eigentumsrechte. Das private Eigentum wird durch Aneignung hergestellt und dabei zugleich auch die Klasse der Lohnabhängigen durch Enteignung von ihren Produktionsmitteln. Sie werden »freigesetzt«. Es entsteht also das Kapitalverhältnis und dieses kann sich im Laufe der Fortsetzung dieses Prozesses als Herrschaftsverhältnis reproduzieren.

Von Anfang an ist der Kapitalismus ein kapitalistisches Weltsystem

Dabei wird das gesellschaftliche Verhältnis zur Natur grundlegend umgeformt. Die Ausplünderung der Natur hat es auch in nicht-kapitalistischen Gesellschaften gegeben, bis zur Selbstvernichtung (wie Jared Diamond in seinem Buch »Kollaps« 2006 eindrucksvoll beschreibt). Aber die systematische Inwertsetzung der Natur und zwar auf globaler Ebene charakterisiert nur den Kapitalismus der Neuzeit. Dabei wird die Natur den Raumstrukturen und zeitlichen Rhythmen der Kapitalverwertung unterworfen. Diese verursachen Stress, sie sind zerstörerisch, wie an den vielen Umweltkatastrophen des vergangenen und dieses Jahrhunderts erkannt werden kann. Und sie hören trotz aller technischen Finessen nicht auf und nehmen immer größere Ausmaße an, da ja die Reichweite der Inwertsetzungs-Aktivitäten mit dem »technischen Fortschritt« immer größer wird.

Im letzten und zumeist in seiner systematischen Bedeutung für die Kapital-Lektüre unterschätzten Kapitel des ersten Bandes des »Kapital« schreibt Marx über die »systematic colonization« (MEW 23: 793), dass diese die systematische Inwertsetzung des Raums, und diese gleichbedeutend mit der globalen Expansion des Kapitals sei. Es entwickeln sich also Geoökonomie und Geopolitik des kapitalistischen Weltsystems. Die Tendenz der Inwertsetzung des Raum (und der Zeit) ist erst abgeschlossen, wenn alles »systematisch kolonisiert« worden ist: die Territorien der Erde, dann aber auch der erdnahe Weltraum, die durch die Gentechnologie erschlossene Welt, die noch nicht durchkapitalisierten Alltagswelten, die Tiefsee, das Eismeer etc.

Es kommt also zum Zusammenstoß von kapitalistischer und auf eigener Arbeit beruhender Produktionsweise. Das siegende Prinzip in diesem Prozess der »Artikulation verschiedener Produktionsweisen« ist von Anfang an gewiss: die kapitalistischen Eigentums- und Aneignungsverhältnisse: »Was uns allein interessiert, ist das in der neuen Welt von der politischen Ökonomie der alten Welt entdeckte und laut proklamierte Geheimnis: kapitalistische Produktions- und Akkumulationsweise, also auch kapitalistisches Privateigentum, bedingen die Vernichtung des auf eigener Arbeit beruhenden Privateigentums, d.h. die Expropriation des Arbeiters.« (MEW 23: 802) Mit diesen Worten endet der erste Band des »Kapital«. Die Prinzipien der kapitalistischen Reproduktion und Akkumulation verlangen die Expropriation der Arbeiter, und zwar weltweit. Kapitalismus heißt demzufolge auch Globalisierung; das gilt nicht erst, seitdem das Wort in Mode gekommen ist. Es werden alle jene Formen hervorgebracht, die diese Expropriation nicht nur möglich, sondern auch erträglich machen. Marx schloss im 24. Kapitel des ersten Bandes mit der Überzeugung, dass der Expropriation der Arbeiter die »Negation der Negation«, nämlich die »Expropriation der Expropriateure«, die revolutionäre Umwälzung der kapitalistischen Herrschaftsverhältnisse folgen würde. Freilich haben sich die gesellschaftlichen Formen der Expropriation des Arbeiters als stabiler herausgestellt, als es sich Marx seinerzeit hat vorstellen können.

Es schließt sich gewissermaßen ein Kreis: Der erste Band des »Kapital« begann mit der Untersuchung, also der begrifflichen Entfaltung der Waren- und Wertform. An dessen Ende wird die Inwertsetzung auf globaler Ebene als Prinzip kapitalistischer Akkumulation identifiziert. Inwertsetzung ist ein historischer Prozess, in dessen Verlauf Dinge, aber auch Lebewesen der Natur entrissen und in die Welt der Werte überführt, in Waren verwandelt und gegen Geld auf Märkten getauscht werden. Die Formen sind nun historisch da, mit deren begrifflicher Analyse Marx die Darstellung des »Kapital« begann. Diese Formen bilden das Ensemble der kapitalistischen Gesellschaftsformation. Doch auch diese ist historisch herzustellen, weil sie anders als es sich mittelalterliche Theologen vorstellten, nicht »gottgegeben«, unveränderlich und ewig ist. Denn die Geschichte ist eine Geschichte von Klassenkämpfen, heißt es im »Kommunistischen Manifest« aus dem Jahre 1848 (MEW 4: 462).

Wie daraus die Ausweitung der Gesellschaftsformation zu einem Weltsystem resultiert, vermerkt Marx in den »Grundrissen« mit folgender Überlegung: Gerade wegen der »Verselbstständigung des Weltmarkts« werde der Versuch gemacht, die dabei unvermeidliche »Entfremdung auf ihrem eignen Boden ... aufzuheben«. Mit den Geschäften auf den globalen Finanzmärkten wachsen auch die Notwendigkeiten der Information über die ökonomischen Verhältnisse in aller Welt. Also wird ein Datennetz aufgebaut, um so über die Bewegungen auf dem Weltmarkt, d.h. über alle Orte im globalen Raum informiert zu sein. Marx erwähnt explizit »Preiscourantlisten, Wechselkurse, Verbindungen der Handelstreibenden untereinander durch Briefe, Telegraphen etc.«, mit denen das Wissen der Einzelnen um die Funktionsweise des Ganzen erweitert wird, ohne dass die »Fremdartigkeit« dadurch aufgehoben würde (Grundrisse: 78f.). Heute haben wir das Internet zur schnellen Information und daher zur Erleichterung und Rationalisierung von Entscheidungen. Die Ratingagenturen monopolisieren und vermarkten ihr Wissen über Risiken, die der von Marx erwähnten »Entfremdung« im globalen Raum geschuldet sind. Der »World Wealth Report« ist ein Beispiel für die Bereitstellung von Wissen, das zumindest für diejenigen nützlich, ja notwendig ist, die vermögenden Personen Anlagepapiere verkaufen wollen.

»Da die Verselbständigung des Weltmarkts ... wächst mit der Entwicklung der Geldverhältnisse (Tauschwerts) und vice versa, der allgemeine Zusammenhang und die allseitige Abhängigkeit in Produktion und Konsumtion zugleich mit der Unabhängigkeit und Gleichgültigkeit der Konsumierenden und Produzierenden zueinander; da dieser Widerspruch zu Krisen führt etc., so wird gleichzeitig mit der Entwicklung dieser Entfremdung ... versucht, sie aufzuheben ...« (Grundrisse: 78), und zwar dadurch, dass das Wissen um die globalen Zusammenhänge organisiert zugänglich gemacht und daher das Handeln der einzelnen Subjekte rationalisiert werden kann. »Im Weltmarkt hat sich der Zusammenhang des Einzelnen mit Allen, aber auch gleichzeitig die Unabhängigkeit dieses Zusammenhangs von den Einzelnen selbst zu einer solchen Höhe entwickelt, dass seine Bildung daher zugleich schon die Übergangsbedingung aus ihm selbst enthält ...« (ebd.: 79)

Das ist eine sehr optimistische Interpretation eines Umschlags der kapitalistischen Tendenz, den Weltmarkt herzustellen, in eine »wirkliche Gemeinschaftlichkeit und Allgemeinheit« (ebd.). Doch immerhin besagt dies, dass Krisen nicht nur die heftigen Zuspitzungen von Widersprüchen der Produktionsweise sind, sondern auch Entwicklungsphasen, in denen sich etwas Neues herauszubilden vermag. Krisen, so lautet die vulgäre Version dieser historischen Interpretation, sind nicht nur ein Unglück, sie bieten immer auch Chancen. Doch sind diese ungleich verteilt und sicher sind sie auch nicht. Die Bemerkung von Marx zeigt aber auch, dass er keinem geschichtlichen Determinismus oder Automatismus anhing, sondern ein Gespür für das mögliche Neue in der Entwicklung bewahrt hatte.

Akkumulation auf der »begrenzten Kugelfläche« des Planeten Erde

Die historischen Formen wandeln sich in Raum und Zeit, und daher ist es gerechtfertigt, von verschiedenen historischen Kapitalismen in verschiedenen Weltregionen und gleichzeitig von einem allgemeinen Kapitalbegriff auszugehen. Es ist bei diesem methodischen Zugang möglich, in der Geschichte des kapitalistischen Weltsystems den frühen Kolonialismus aus der Zeit der großen Entdeckungen und den Imperialismus des 19. Und 20. Jahrhunderts zu unterscheiden und in der Geschichte auch die Globalisierung und einen »neuen Imperialismus« der »Akkumulation durch Enteignung« (Harvey 2005) zu verorten. Wie diese Unterscheidungen begründet werden können und wie sie den Zusammenhang im Rahmen der kapitalistischen Gesellschaftsformation herstellen, charakterisiert die unterschiedlichen Imperialismustheorien.

Immer steht in den Imperialismustheorien das Problem im Vordergrund, mit welchen Strategien, in welchen sozialen und politischen Konstellationen und mit welchen Konflikten die kapitalistische Expansion in Raum und Zeit erfolgt. Expansion in der Zeit ist nichts anderes als Wachstum der Wirtschaft, als die Akkumulation von Kapital. Weil das Gesamtkapital aus vielen Einzelkapitalen (aus vielen einzelnen Unternehmen) besteht, sind die Wirkungen von Wachstum und Akkumulation ungleichmäßig und ungleichzeitig. Einige Einzelkapitale wachsen schneller als andere, manche schließen sich zu Konzernen und Konglomeraten zusammen. Dabei kommt es auch zu neuen Formen der Beziehung zwischen produktivem und Finanzsektor und zur Herausbildung eines globalen Finanzsystems. Mit anderen Worten: im zeitlichen Verlauf verändern sich die ökonomischen Strukturen, die Verhältnisse der Branchen, die Rolle der Finanzmärkte, die Klassenstrukturen von Lohnarbeit und Kapital, das Verhältnis von Ökonomie und Politik. Es stellt sich wie in anderen Zusammenhängen auch heraus, dass der Kapitalismus ein höchst dynamisches System ist.

Diese Strukturveränderungen des kapitalistischen Systems in der Zeit haben beträchtliche Auswirkungen auf die Expansion im Raum. Im historischen Kolonialismus seit den großen Entdeckungen im 15. Jahrhundert bis ins 19. Jahrhundert zielte die räumliche Expansion vor allem auf die Schätze der Erde, auf mineralische und agrarische Rohstoffe, die unnachsichtig geplündert wurden. Auch wenn die Plünderungen für die Plünderer nicht immer ein gutes Geschäft waren, haben sie in den geplünderten Ländern dieser Erde ein soziales und ökologisches Desaster hinterlassen, dessen Nachwirkungen bis in unsere Tage zu verspüren sind. Zumal in Afrika ergänzten die europäischen Plünderer ihre Raubzüge von natürlichen Ressourcen mit der systematischen Menschenjagd, um die gegenüber den hochgerüsteten europäischen Eroberern wehrlosen Einwohner als Sklaven an die Plantagenbetreiber in Süd- und Nordamerika verkaufen zu können. Dadurch sind ganze Gesellschaften für mehrere Generationen traumatisiert worden. In Europa kam aber so auf grausame Weise das Kapital zusammen, das die »ursprüngliche« kapitalistische Akkumulation erst ermöglichte.

Schon im Kolonialsystem erlangten die Kolonien als Absatzmärkte für Waren aus den Metropolen und als Sphären der Kapitalanlage eine gewisse Bedeutung, wie schon Rosa Luxemburg (1913), Lenin (1917) und andere hervorhoben, um so den »klassischen Imperialismus« bis zum Ersten Weltkrieg zu erklären. Sie folgten jedoch in ihren Analysen implizit der eher lapidaren Feststellung von Immanuel Kant, dass die Menschen sich auf der »Oberfläche der Erde … als Kugelfläche ... nicht ins Unendliche zerstreuen können«, machten aber die Kantsche Schlussfolgerung, dass sie sich daher »endlich doch neben einander dulden« müssen (Kant 1995: 214) nicht mit. Denn es gibt auch die andere Umgangsform mit den Grenzen in Raum und Zeit, nämlich den Konkurrenten ihren Anteil an der irdischen Kugelfläche gewaltförmig streitig zu machen und sie daher mit Krieg zu überziehen. Das ist im Prinzip die Erklärung der imperialistischen Kriege, die im 20. Jahrhundert ihre Blutspuren hinterlassen haben.

In der Zeit ist die Akkumulation von Kapital gleichbedeutend mit der Produktion von Überschüssen, daher mit vermehrter Produktion von absolutem und relativem Mehrwert, mit verschärfter Ausbeutung der Arbeit durch das Kapital. Im Raum aber ist die

Akkumulation von Kapital eine Expansion auf begrenzter Fläche. So wird notwendigerweise die territoriale Konkurrenz um Landnutzung angeregt. Konflikte, die sich daraus ergeben, können sich auch zu bewaffneten Auseinandersetzungen zuspitzen. Daran müssen nicht unbedingt souveräne Truppen, von nationalen Staaten und demokratischen Institutionen legitimiert, beteiligt sein. Sie werden auch von Bürgerkriegsparteien, privaten Söldnern im Auftrag von Konzernen, von »Warlords« geführt. Das zumeist binäre Konfliktgeschehen aus kolonialen und imperialen Zeiten wird also chaotischer, weil die Anzahl der Akteure zunimmt und deren Interessen schwer zu vereinbaren sind, wenn in der »Akkumulation durch Enteignung« des einen Gewinn des anderen Verlust ist und umgekehrt.

Die Konflikte der imperialen Globalisierung

Dies zeigt sich sehr klar in Zeiten der Globalisierung seit dem Ende des real existierenden Sozialismus 1989, als nun die gesamte »Kugelfläche« der Erde Spielraum des Kapitalismus wurde und dieser mit neoliberaler Politik dereguliert, weitgehend privatisiert und den Mechanismen des Marktes überlassen wurde. Nun erscheinen nicht nur die Grenzen der Inwertsetzung und Verwertung als »zu überwindende Schranke« (Grundrisse: 311); sie sind es auch. Politik hat nicht mehr wie in kolonialen und imperialen Zeiten Grenzen mit politischer und militärischer Macht der Nationalstaaten auszuweiten und zu sichern versucht. Politik wacht in Zeiten der Globalisierung vielmehr über deren Deregulierung, um auf diese Weise das Territorium der Kapitalverwertung zu globalisieren, indem viele politisch gesetzte Grenzen eingerissen werden – Grenzen des Waren-, Dienstleistungs- und Kapitalverkehrs –, dafür andere aber verstärkt werden – etwa Grenzen der Migration.

Doch scheint diese Phase der Globalisierung des kapitalistischen Weltsystems im 21. Jahrhundert zu Ende zu gehen. Die Hegemonie der nach 1989 »einzigen Weltmacht« USA ist am 11.9.2001 herausgefordert worden, und der danach eröffnete »Krieg gegen den Terror« wird mit den unvermeidlichen Niederlagen im Irak und in Afghanistan dem US-amerikanischen Hegemonialsystem weiter schaden. Hegemonie, so Antonio Gramsci, basiert auf Macht und Konsens. Die Macht ist also unterminiert, der Konsens aber nach Abu Ghraib und Guantanamo auch. Das hat aber zur Folge, dass der Globalisierung mehr und mehr der politische Rahmen und das politische Zentrum der Regulierung verloren geht.

Dass dies in Zeiten geschieht, in denen die Weltwirtschafts- und -finanzkrise gerade außerordentliche Regulierungsleistungen auf globaler Ebene erforderlich macht, destabilisiert das imperiale System weiter. Es zeigt sich, dass jener Abbau von Grenzen in Zeiten der Globalisierung Freiräume vor allem für Finanzvermögen zur weltweiten Spekulation geöffnet hat. Die massive Spekulation hat in eine kaum beherrschbare Krise geführt. Auch die organisierte Kriminalität ist gestärkt worden. Diese ist keine marginale Erscheinung mehr, sie ist ein Charakterzug des »neuen Imperialismus« der Akkumulation durch Enteignung.

13. Klassengegensätze, feine Unterschiede, unruhige Arbeiterinnen

Klassenkampf erscheint Soziologen und Ökonomen als ein grobes Wort, die »feinen Unterschiede« im Habitus der Menschen, die individualisierenden Distinktionen, die der französische Soziologe und Attac-Mitbegründer Pierre Bourdieu (2005) untersuchte, sind mit diesem Großbegriff nicht zu erfassen. An Universitäten und Akademien will daher niemand etwas von Klassen und Klassenkampf wissen.

Kann sich dieses Desinteresse vielleicht auch auf den Marx des »Kapital« berufen? Denn es ist auf den ersten Blick irritierend, dass in den drei Bänden des »Kapital« die »Klassen« sehr häufig in vielen Zusammenhängen erwähnt werden, der Begriff des Klassenkampfes oder des Klassengegensatzes aber auf den 2.500 Seiten der drei Bände weniger als zehn Mal. Das letzte (52.) Kapitel des dritten Bandes des »Kapital« ist zwar mit »Die Klassen« überschrieben, aber es bricht abrupt nach knapp einer Seite ab, ein Torso. Darin heißt es immerhin: »Die Eigentümer von bloßer Arbeitskraft, die Eigentümer von Kapital und die Grundeigentümer, deren respektive Einkommensquellen Arbeitslohn, Profit und Grundrente sind, also Lohnarbeiter, Kapitalisten und Grundeigentümer, bilden die drei großen Klassen der modernen, auf der kapitalistischen Produktionsweise beruhenden Gesellschaft.« (MEW 25: 892) Das ist eine Begriffsbestimmung auf der Basis der klassenspezifischen Einkommensquellen, mit denen sich Marx in den dem Klassenkapitel vorangehenden Kapiteln auseinandersetzt.

Diese ökonomische Begriffsbestimmung kontrastiert mit der radikalen Emphase des »Kommunistischen Manifests« von 1848. Gleich zu Beginn des ersten Kapitels ist der berühmte Satz zu finden: »Die Geschichte aller bisherigen Gesellschaft ist die Geschichte von Klassenkämpfen. Freier und Sklave, Patrizier und Plebejer, Baron und Leibeigener, Zunftbürger und Gesell, kurz, Unterdrücker und Unterdrückte standen in stetem Gegensatz zueinander, führten einen ununterbrochenen, bald versteckten, bald offenen Kampf.« (MEW 4: 462)

Die Formulierung zeigt schon: Es wäre zu einfach, es bei den drei, durch ihre unterschiedlichen Einkommensquellen in Gegensatz gebrachten großen Klassen in kapitalistischen Gesellschaften zu belassen; dazu sind Lohnarbeit, Kapital und Grundbesitzer intern viel zu stark gegliedert und es kommen andere Klassen und Schichten hinzu. Wenn sie denn als Subjekte kämpfen, beziehen sie ihre Visionen nicht allein aus dem Bestreben, ihre Revenuen (Lohn, Profit und Rente) zu steigern, sondern aus einer Vielfalt von Lebensumständen und -erwartungen, für die die bereits erreichte ökonomische Entwicklungsstufe der Gesellschaft ebenso bedeutsam ist wie Bildung, kulturelle Traditionen, der Glaube oder politische Überzeugungen.

Trotz der Vielfalt der in Klassenkämpfe verstrickten historischen Subjekte, wie sie auch die Formulierung von Marx und Engels im Kommunistischen Manifest nahelegt, haben Klassengegensätze immer auch den binären Charakter des oben und unten, des Herrschens und Beherrschtseins, von Reichtum und Armut, der Arroganz und des Beleidigtseins. Das ist auch heute trotz aller Distinktionen so. Der Occupy-Bewegung geht es nicht nur um Revenuequellen, sondern um Würde, um die Rückgewinnung politischer Kontrolle über verselbstständigte Finanzmärkte, um das »gute Leben«. Also stellt sich die wissenschaftliche und zugleich politische Frage, wie die extremen Ausmaße der Ungleichheit in der Welt, wie die Ursachen der zunehmenden Not der großen Mehrzahl der Menschen und der unermessliche Reichtum einer kleinen Minderheit zu begreifen, wie deren Dynamik einzuschätzen und wie die Verhältnisse zu ändern sind. Denn oben und unten, reich und arm lassen sich – darin liegt der Sinn des Marxschen Verweises auf die verschiedenen Revenuequellen – im kapitalistischen Reproduktionsprozess funktional zuordnen. Die einen sind Lohnarbeiter, hängen also von ihrer Arbeit ab. Die anderen sind Kapitalisten und beziehen Profite. Die einen haben nichts, noch nicht einmal einen Job. Sie sind »Ninjas«: no income, no job, no assets. Die anderen spekulieren mit ihrem, meist aber mit fremdem Geldvermögen und häufen unermessliche Reichtümer auf.

Klassenkampf von oben …

Empirisch sichtbar sind die sozialen Gegensätze und diese lassen sich sogar quantifizieren. Zum Beispiel: Die Zahl der chronisch unterernährten Menschen in der Welt hat die Milliardengrenze überschritten, fast 900 Millionen Menschen haben kein sauberes oder zu wenig Trinkwasser, 2,5 Milliarden haben keine ausreichenden sanitären Anlagen, 220 Millionen Kinder verrichten Kinderarbeit und nicht wenige von ihnen in sklavenähnlichen Verhältnissen in einer Welt, die auf die Menschenrechte und deren Verteidigung so stolz ist, dass sie für deren Durchsetzung sogar Kriege führt. Ein Drittel der menschlichen Todesfälle ist armutsbedingt. Während die ärmere Hälfte der Menschheit über wenig mehr als ein Prozent der globalen Privatvermögen verfügt, bringt es eine Handvoll von etwa 1.000 Milliardären auf ein Vermögen, das drei Mal so groß ist wie dasjenige der Hälfte der Menschheit, das wären 3,4 Milliarden Menschen (vgl. Pogge 2010: 74ff.).

Diese Zahlen kann man in den Berichten über die menschliche Entwicklung der UNO oder in den Evaluationen der Millenniumsentwicklungsziele zehn Jahre nach ihrer Verabschiedung zum Jahrtausendwechsel nachlesen. Die Armut und das Elend in der Welt sind ungeheuerlich und sie lassen sich nicht verstecken. Der Reichtum geniert sich nicht dabei, sich zur Schau zu stellen. Zum Klassenkampf von oben gehört auch die Verachtung derjenigen, die auf Arbeit und Arbeitseinkommen angewiesen sind durch diejenigen, die »das Geld für sich arbeiten lassen«. Ist diese Ungleichheit das Resultat von sozialen Sachzwängen, gegen die wenig zu machen ist, und was hat die extreme Ungleichheit mit den Tendenzen der Kapitalakkumulation, mit dem Gegensatz funktionaler Klassen von Kapital und Lohnarbeit, und dies im globalen Raum, zu tun? Oder sind sie das beredte Zeugnis eines historischen Siegs – im globalisierten »Klassenkampf von oben«?

Der »Klassenkampf von unten« wäre dann, wie häufig in der Geschichte, in den letzten Jahrzehnten verloren gegangen. Vielleicht ist er nicht richtig geführt worden. Das Schweigen über Klassen und Klassenkampf kann daher auch als ein Zeichen dafür gedeutet werden, dass alle diejenigen, die für mehr Gleichheit, also auch für einen Ausgleich des Wohlstands und daher auch für eine Demokratisierung in der Welt eintreten, eine historische Niederlage erlitten haben. Denn die extremen Vermögens- und Einkommensunterschiede unterstellen historisch bestimmte gesellschaftliche und politische Machtverhältnisse, »bestimmte gesellschaftliche Charaktere der Produktionsbedingungen und bestimmte gesellschaftliche Verhältnisse der Produktionsagenten« (MEW 25: 889) – und auch historisch bestimmte Eigentumsverhältnisse. Marx unterstreicht also die Bedeutung der historischen gegenüber der begrifflichen Analyse.

Marx unterscheidet in seinen Bemerkungen zum Klassenkampf zwischen der Klassenlage von Bourgeoisie und Proletariat unter entwickelten kapitalistischen Bedingungen und dem Gegensatz von Gläubigern und Schuldnern (MEW 23: 149ff.) in der vorkapitalistischen, in der antiken Welt. Die Kämpfe zwischen Schuldnern und Gläubigern waren so heftig, dass sie das Gemeinwesen gefährdeten oder, wie es im Kommunistischen Manifest heißt, »mit dem gemeinsamen Untergang der kämpfenden Klassen« (MEW 4: 462) zu Ende gingen. Das war der Grund für die öffentlich verordnete Entschuldung in Athen durch Solon (im Jahr 594 v.u.Z.) und für das bis heute im Islam nachwirkende Verbot, Zinsen zu nehmen. Tatsächlich sind die Kämpfe um die Schulden als ökonomische Klassen- und politische Machtkämpfe geführt worden, die sich in manchen Situationen bürgerkriegsähnlich verschärft haben. Das ist nicht vorkapitalistische Vergangenheit, sondern es ist Realität auch heute. Der Unterschied ist aber auch eklatant. Im antiken Athen sorgte Solon für eine Überwindung der damaligen schweren Schuldenkrise durch einen Ausgleich zwischen Gläubiger- und Schuldnerinteressen. Heute hat die Troika von EZB, EU-Kommission und IWF die Regelung der Verschuldung Griechenlands und anderer Länder der Eurozone übernommen. Die politische Linie ist eine Wirtschaftspolitik, die so viele monetäre Mittel wie möglich für den Schuldendienst an die Gläubiger abzuführen. Die Konsequenzen für die betroffenen Gesellschaften zählen nicht.

Die Finanzmärkte sind ein wirksames Vehikel der Umverteilung, ja der »Akkumulation durch Enteignung«. Diese wird zum einen durch die maßlose Ausweitung des Konsumentenkredits in Gang gehalten, weil die Arbeitseinkommen gesenkt und das Konsumniveau trotzdem kreditfinanziert eine illusionäre Zeit lang gehalten werden können, bis dann bei Fälligkeit der Kredite die Vermögenssubstanz der Schuldner in Anspruch genommen wird. Das ist der Augenblick der »debt-for-equity«, der »debt-for-nature« oder der »debt-for-beautiful-island« Swaps. Wenn monetär nichts aus den Schuldnern herausgeholt werden kann, sollen sich die Gläubiger an den Reichtümern der Schuldner schadlos halten dürfen.

Die riesigen Bankenrettungspakete können nur geschnürt werden, weil sie im »Augenblick der Wahrheit«, d.h. dann, wenn sie fällig werden, mit staatlicher Hilfe aus den Einkommensflüssen der Steuerzahler und Soziallohnempfänger zu den Banken umverteilt werden können.

Der Erfolg im Klassenkampf von oben erscheint also als politischer Sieg bei der Stabilisierung der Macht der herrschenden Klasse. Die Mechanismen der Krisenbewältigung auf den Finanzmärkten sind dabei hilfreich. Das ist zumindest vorübergehend so, da die Stabilisierung der Macht nicht auf einem hegemonialen Konsens basiert, also die Legitimation der Herrschaft in Frage gestellt wird. »Vorübergehend«, das kann ziemlich lange dauern. Doch die Geduld der Menschen ist begrenzt, zumal die Provokationen der Klassenkämpfer von oben maßlos sind.

… und Arbeiterunruhen von unten

Im traditionellen Verständnis werden Klassenkämpfe einerseits in der Zirkulationssphäre um die Entlohnung und daher um die Verteilung der Revenuen und andererseits um die Bedingungen der Verausgabung von Arbeit im Produktionsprozess ausgetragen. Doch reicht diese Unterscheidung nicht aus, um die Frage zu beantworten, die Marx nun aufwirft: »Was macht Lohnarbeiter, Kapitalisten, Grundeigentümer zu Bildnern der drei großen gesellschaftlichen Klassen?« (MEW 25: 893) Denn nun müssten nicht nur die unterschiedlichen Revenuequellen zur Bestimmung der »objektiven« Klassenzugehörigkeit herangezogen werden, sondern auch subjektive Faktoren, die das Klassenbewusstsein formen. Im »Elend der Philosophie« aus dem Jahr 1847 führt

Marx dazu aus: »Die ökonomischen Verhältnisse haben zuerst die Masse der Bevölkerung in Arbeiter verwandelt. Die Herrschaft des Kapitals hat für diese Masse eine gemeinsame Situation, gemeinsame Interessen geschaffen. So ist diese Masse bereits eine Klasse gegenüber dem Kapital, aber noch nicht für sich selbst. In dem Kampf ... findet sich diese Masse zusammen, konstituiert sie sich als Klasse für sich selbst. Die Interessen, welche sie verteidigt, werden Klasseninteressen. Aber der Kampf von Klasse gegen Klasse ist ein politischer Kampf.« (MEW 4: 180f.) Die »Klasse für sich« kommt zum Bewusstsein ihrer selbst durch Lernprozesse, die kollektiv er- und verarbeitet werden.

Das lässt sich durchaus als eine vorweggenommene Absage an die verbreitete und auf Lenins Ökonomismuskritik (vor allem in: »Was tun?«, Lenin-Werke, Bd. 5) zurückgehende Trennung zwischen ökonomischen, »trade-unionistischen« und politischen Kämpfen interpretieren. Der britische Historiker E.P. Thompson hält diese Trennung denn auch für eher hinderlich, weil die Dynamik der Klassen und der Klassenbewegungen damit nicht erfasst werden könne. Das Argument richtet sich auch gegen eine Schubladensoziologie, in der Klassen definiert und dann mit sozialstatistischen Methoden Bevölkerungsgruppen den Schubladen zugeordnet werden. Das Verfahren kann eventuell eine interessante Momentaufnahme der Sozialstruktur eines Landes ergeben, aber die Entwicklungsdynamik von Klassen (als Lernprozess) im globalen Raum begrifflich überhaupt nicht erfassen.

Die Lücke, die die schematisch vorgehende Klassentheorie hinterlässt, versuchen verschiedene Ansätze zu schließen. Die Theorie des »politischen Konjunkturzyklus« des polnischen Politikökonomen Michal Kalecki aus den 1940er Jahren etwa erfasst die Klassenaktivitäten im Rahmen des ökonomischen Krisenzyklus: Im konjunkturellen Aufschwung geht die Arbeitslosigkeit zurück, die Verhandlungsmacht der Arbeiterklasse steigt und höhere Arbeitseinkommen und verbesserte Arbeitsbedingungen können durchgesetzt werden. So wird Druck auf die Profitrate des Kapitals ausgeübt mit der Folge, dass die Kapitalisten die Investitionen einschränken, die Arbeitslosigkeit also zunimmt und die Verhandlungsmacht der Arbeiterklasse und ihrer Organisationen geschwächt und die ökonomische Lage und die politischen Durchsetzungschancen für Unternehmerinteressen verbessert werden. Die Profitrate kann wieder steigen, Investitionen werden durchgeführt, die Arbeitslosigkeit geht zurück und dadurch verbessern sich auch die Kampfbedingungen der Arbeiterklasse etc. (Kalecki 1987). Die Revenuequellen Lohn und Profit nehmen also einen zyklischen Verlauf. Die Arbeiterklasse wird in diesem Ansatz aber nicht als tätiges Subjekt wahr- und ernst genommen. Klassenkampf läuft wie ein Uhrwerk mit kybernetischem Regler ab.

Doch führt diese ansonsten mechanistische Modellbetrachtung vor Augen, dass Erfolge der Arbeiterklasse im Verteilungskampf schwer festzuhalten, zu verteidigen sind, wenn die systemischen Rahmenbedingungen nicht geändert werden. Zu diesem Resultat sind auch die reformistischen Sozialstaatstheoretiker der 1920er Jahre gelangt: Reformistische Kämpfe können erfolgreich sein, aber wenn sie abgesichert werden sollen, verlangt dies den von dem US-amerikanischen Politologen und Historiker Charles W. Mayer so bezeichneten »Eintritt der Massen qua ihrer Organisationen in den Staat«, für dessen politische Stabilität sie funktional sind. Die Arbeiterklasse muss also zur Integration in das politische System, das die Klassenspaltung sichert, bereit sein, um erfolgreich bei der Mehrung der Flüsse aus der Revenuequelle zu sein.

Hier zeigt es sich, dass das Terrain der Klassenkonflikte zu einem Gutteil in der staatlichen und nicht nur in der privaten Sphäre situiert ist, dass dort auch die so oft zitierte »Verdichtung« von Kräfteverhältnissen zustande kommt (vgl. Poulantzas 2002; Demirović 2000) und dass das Terrain oftmals abschüssig ist und zu reformistischer Praxis der sozialen Bewegungen im erweiterten Staat, also zur Integration der sozialen Bewegungen innerhalb der Institutionen der Staatlichkeit führt.

In anderem, nämlich liberalem Kontext hat auch der Soziologe Ralf Dahrendorf diese Dynamik mit seiner These von der »Institutionalisierung des Klassenkonflikts« hervorgehoben: Der Klassenkonflikt ist anders als Marx und Engels im Kommunistischen Manifest andeuten, keineswegs dysfunktional für das System, sondern höchst funktional. Er dient der Erneuerung, der Anpassung an und der Bewältigung von immer neuen Herausforderungen. Ohne Klassenkonflikt und dessen Institutionalisierung verlöre das kapitalistische System an Flexibilität und wäre mithin weniger erfolgreich.

Der These, dass Klassenkonflikt und dessen Institutionalisierung sich ablösen, würde mit umgekehrtem Vorzeichen, mit anderer Begründung und politischer Stoßrichtung auch Beverly Silver zustimmen (2005). In ihrer Untersuchung der »forces of labor« verwendet sie den Begriff der »Arbeiterunruhen« (»labor unrest«), der umfassender als der des Klassenkampfs oder der Klassenkonflikte ist, keine heroischen Missverständnisse provoziert und den alltäglichen Widerstand gegen das Kapital jenseits aller reformistisch-funktionalen Integrations- und Institutionalisierungsmechanismen betont. Mit diesem Begriff ausgestattet ist es möglich, der Rede von einer historischen Niederlage im globalen Klassenkampf, wie sie ja nach dem Ende des real existierenden Sozialismus verbreitet war (und ist), entgegenzutreten. Denn Arbeiterunruhen brechen immer wieder überall in der Welt aus: »Wo das Kapital hingeht, folgt der Konflikt zwischen Arbeiterklasse und Kapital bald nach.« (Silver/Zhang 2010: 605) Die Institutionalisierung des Klassenkonflikts gelingt immer nur vorübergehend. Ungerechtigkeit und Subalternität provozieren Widerstand, das ist auch die Kernaussage des »Operaismus«, jener Theorie, die im Italien des »Heißen Herbstes« der späten 1960er Jahre strategische Relevanz für die Klassenkämpfe erhalten sollte. Doch bleibt die Frage bestehen: Wovon ist der Widerstand abhängig und wodurch wird er bei seinem Entstehen, im Verlauf und auch beim Abflauen und Wiederaufflammen beeinflusst? Sind Arbeiterunruhen »eine volkstümelnde Idealisierung der unteren Klassen«, wie Bourdieu spottet (2005: 39), ein kleines Korrektiv im globalen kapitalistischen Akkumulationsprozess oder doch der Weg, auf dem die Macht der Arbeiterklassen im globalen Kapitalismus zu ihren Gunsten verschoben werden kann, wie Silver annimmt?

Das ist in den vergangenen zwei Jahrzehnten jedenfalls nicht geschehen. Die Einkommensverteilung ist in aller Welt zu Ungunsten der Lohn- und Gehaltsabhängigen verschoben worden. Im gegenwärtigen finanzmarktgetriebenen Kapitalismus bilden die Gläubiger nachgerade eine globale Armada von privaten Banken, nationalen Regierungen, internationalen Organisationen wie IWF und Weltbank, Rating- und Consulting-Agenturen. Von ihnen und mit ihnen wird die Plünderung der »Schuldner der letzten Instanz«, das sind die Lohnabhängigen, die Empfänger von Transferleistungen, die Zahler von Massensteuern (da ja im globalen Steuerwettbewerb die Unternehmenssteuern auf irisches oder lettisches Niveau von etwas mehr gerade einmal 10% abgesenkt worden sind), organisiert. Denn nur so können »systemrelevante« Finanzinstitute gerettet werden. Dagegen brechen immer wieder Unruhen der von Lohn- und Soziallohnkürzungen und Arbeitslosigkeit Betroffenen aus, in Griechenland, Spanien, Frankreich, Italien und anderswo. Sie sind nationalstaatlich zersplittert, ihnen fehlt die zumindest europäische, wenn nicht globale Perspektive. Die Lernprozesse zur Heranbildung der »Klasse für sich selbst« müssen also in jeder »bestimmten historischen Situation« immer wieder neu gemacht werden, damit »labor unrest« eine Perspektive gewinnt. Die kann man nicht von außen als Intellektueller der Arbeiterklasse antragen, so wie es häufig mit der Folge verbreiteter Frustration versucht worden ist. Das »Einheitsfrontlied« von Bertolt Brecht bringt dies auf den Punkt:

> Und weil der Prolet ein Prolet ist,
> drum wird ihn kein anderer befrein.
> Es kann die Befreiung der Arbeiter
> nur das Werk der Arbeiter sein.

Die wirkliche Bewegung räsoniert, wie es unter denkenden und handelnden Menschen üblich ist. Aber sie hat auch Lieder – und da lass' Dich ruhig nieder.

14. Das gute Leben im »grünen Sozialismus«

Die Forschung über die Ware als Stammzelle der kapitalistischen Gesellschaftsformation hat uns bis zu den Klassenverhältnissen geführt, der Bogen vom ersten Kapitel des ersten Bandes des »Kapital« über »die Ware« bis zum letzten Kapitel des dritten Bandes des »Kapital« über die »Klassen« ist geschlagen. Das kunstvoll komponierte Ganze hat nicht nur einen erheblichen Erkenntnisgewinn über die Dynamik, die Widersprüche und Krisen der kapitalistischen Produktionsweise gebracht. Im letzten Absatz des ersten Bandes, am Ende des 25. Kapitels über »die moderne Kolonisationstheorie« schreibt Marx von der »politischen Ökonomie der alten Welt«, dass sie ein Geheimnis »laut proklamierte ...: kapitalistische Produktions- und Akkumulationsweise, also auch kapitalistisches Privateigentum, bedingen die Vernichtung des auf eigner Arbeit beruhenden Privateigentums, d.h. die Expropriation des Arbeiters« (MEW 23: 802). Das Kapital erobert Raum und Zeit und unterwirft die gesamte Welt seinen Prinzipien der Mehrwertproduktion und -akkumulation, wie sie im »Kapital« analysiert werden. Die Globalisierung ist also keine Entwicklung, die mit dem Zusammenbruch des real existierenden Sozialismus ihren Anfang nimmt, sie ist vielmehr von Anfang an im Kapitalverhältnis ebenso angelegt wie der Weltmarkt im Begriff des Kapitals (wie aus den »Grundrissen« zitiert worden ist).

Aber weder ist die Zeit unendlich, noch ist der Raum grenzenlos und daher kann die Herrschaft des Kapitals nicht ewig sein. Im »Kommunistischen Manifest« von Friedrich Engels und Karl Marx heißt es folglich: »Der Fortschritt der Industrie ... setzt an die Stelle der Isolierung der Arbeiter durch die Konkurrenz ihre revolutionäre Vereinigung durch die Assoziation. Mit der Entwicklung der großen Industrie wird also unter den Füßen der Bourgeoisie die Grundlage selbst hinweggezogen, worauf sie produziert und die Produkte sich aneignet. Sie produziert vor allem ihren eigenen Totengräber. Ihr Untergang und der Sieg des Proletariats sind gleich unvermeidlich.« (MEW 4: 473f.) Freilich darf die außerordentlich große Elastizität des Kapitals, auf die selbst erzeugten Krisen systemstabilisierend zu reagieren, nicht unterschätzt werden. Dies ist das Thema der marxistisch inspirierten Gesellschaftstheorien im Anschluss an die Theorie gesellschaftlicher Hegemonie von Antonio Gramsci, die daher zu einer verständigen Lektüre von Marx Schriften unbedingt dazugehören.

Es ist gar nicht paradox, wenn viele Repräsentanten der »Bourgeoisie« (diese Bezeichnung dient der Vereinfachung von sonst komplexen Zuschreibungen und ist nicht pejorativ gemeint) zwar Marx Absolution erteilen und versichern, er habe in vielem wohl doch Recht gehabt (einige Beispiele wurden in der Einleitung zitiert). Versuche jedoch, »Wege zum Kommunismus« aufzuzeigen, werden von ihnen nicht goutiert. Die Aufregung in der deutschen Öffentlichkeit über einen Artikel von Gesine Lötzsch (»Junge Welt« vom 3.1.2011) mit eben diesem Titel ist daher zu verstehen. Die heftigen Abwehrreflexe reichten bis zum Verlangen, die Partei Die LINKE, deren Vorsitzende Gesine Lötzsch war, nicht nur durch den Verfassungsschutz beobachten zu lassen (was ja schon passiert), sondern gleich zu verbieten. Auch die weniger Klugen aus der politischen Klasse haben ja mitbekommen, dass eine große Minderheit der Deutschen den Kapitalismus nicht für der historischen Weisheit letzten und besten Ratschluss hält. Sie können sich Alternativen zum gegenwärtigen gesellschaftlichen System vorstellen. Doch dies als Meinung intelligent zu begründen und nicht nur bei einer Befragung anonymisiert zu äußern, lässt sämtliche Motten in der Kiste schwirren. Es ist eben ein Unterschied, Alternativen zu denken oder die Machtfrage damit zu verbinden.

So war es immer, seitdem »ein Gespenst in Europa (umgeht) – das Gespenst des Kommunismus. Alle Mächte des alten Europa haben sich zu einer heiligen Hetzjagd gegen dies Gespenst verbündet« (Kommunistisches Manifest, MEW 4: 461). »Der Sozialismus«, das schreiben Marx und Engels im »Kommunistischen Manifest« aus dem Jahre 1848 weiter, »war, auf dem Kontinent wenigstens, ›salonfähig‹; der Kommunismus war das gerade Gegenteil.« (MEW 4: 580) Dennoch waren Marx und Engels »von allem Anfang an der Meinung …, dass die Emanzipation der Arbeiterklasse das Werk der Arbeiterklasse selbst sein muss, [und daher – EA] konnte kein Zweifel darüber bestehen, welchen der beiden Namen wir wählen mussten. Ja noch mehr, auch seitdem ist es uns nie in den Sinn gekommen, uns von ihm loszusagen« (MEW Bd. 4: 580). Denn, so erläutern sie in der »Deutschen Ideologie« aus den Jahren 1845 bis 1847, die »kommunistische Gesellschaft« ist die »einzige, worin die originelle und freie Entwicklung der Individuen keine Phrase ist, sie ist bedingt eben durch den Zusammenhang der Individuen, ein Zusammenhang, der teils in den ökonomischen Voraussetzungen besteht, teils in der notwendigen Solidarität der freien Entwicklung Aller, und endlich in der universellen Betätigungsweise der Individuen auf der Basis der vorhandenen Produktivkräfte.« (MEW 3: 424-425) Das war im Vormärz, während der Restauration, vor Ausbruch der Revolution von 1848 geschrieben. Sich zum Kommunismus zu bekennen, war ein stolzes und mutiges Wort, und die, die es aussprachen, gingen auf volles Risiko.

Die wirkliche Bewegung, und zwar im Weltmaßstab

Aber, so wird mancher fragen, ist nicht der Kommunismus zu Beginn des 21. Jahrhunderts hoffnungslos durch seine Geschichte im 20. Jahrhundert kompromittiert? Werden nicht im »Schwarzbuch Kommunismus« aus dem Jahr 1997 Millionen Opfer des von kommunistischen Parteien angerichteten »roten Holocaust« gezählt? Sofern es sich dabei um Opfer von Verbrechen handelt oder wenn sie vermeidbar gewesen wären, ist eine gewaltige historische Verantwortung zu tragen und abzuarbeiten. Doch die notwendige Kritik und Verurteilung stalinistischer Verbrechen kann nicht darin bestehen, sich mit dem Kapitalismus, wie wir ihn kennen, zu arrangieren und Alternativen zur real existierenden kapitalistischen Gesellschaft gar nichts erst ins Auge zu fassen.

Da waren Adorno oder Horkheimer, die Begründer der »Frankfurter Schule«, nach den Erfahrungen des nationalsozialistischen Holocaust weiter. Sie haben mit Nachdruck die kapitalistischen Verhältnisse für den Faschismus und dessen ungeheure Verbrechen in der ersten Hälfte des 20. Jahrhunderts verantwortlich gemacht. Wer über den Kapitalismus nicht reden will, sollte vom Faschismus schweigen, schrieb Max Horkheimer. Das heißt: Wer die nationalsozialistischen Verbrechen verurteilt, muss sich mit dem Kapitalismus auseinander setzen. Die Zeitenwende, vor der wir stehen, ist daher nicht theoretisch abgeleitetes Konstrukt, sondern historisches Ergebnis der Produktions- und Lebensweise in den vergangenen mehr als 200 Jahren seit der industriellen Revolution und der Auswüchse, die in den schweren Krisen der Kapitalakkumulation drohen. Stalinismuskritik ist notwendig, aber darf nicht so laut aufgedreht werden, dass in ihrem Lärm die ebenso notwendige Kapitalismuskritik übertönt wird.

Denn haben nicht Millionen ihr Herzblut gegeben für »eine Gesellschaft ohne Hierarchien, Obrigkeit und Untertanen, ohne Lohnsklaverei und Ohnmacht«, wie der ungarische Philosoph G.M. Tamás resümiert und sich das »K-Wort« nicht von einer aufgebrachten Öffentlichkeit streitig machen lässt: »Im Kommunismus ist der Mensch in Harmonie mit sich und der Natur ... Es gibt keine Klassen, die sich feindlich gegenüberstehen ... Der Kommunismus kennt nicht die Disziplin, die durch den kapitalistischen Produktionsprozess erzwungen wird.« (Gespräch im Neuen Deutschland vom 5./6.2.2011) Der Kommunismus sei kein Ideal, das als Maßstab an die wirkliche Welt und deren Geschichte angelegt werden müsse, schreiben Marx und Engels in der Deutschen Ideologie (MEW 3: 70-77) Auch für Rosa Luxemburg, so Gesine Lötzsch in ihrem Vortrag über »Wege zum Kommunismus«, ist der Sozialismus (oder Kommunismus) »kein fertiges Ideal, kein genial entworfener Bauplan, sondern etwas, das aus den realen Kämpfen wachsen würde«. Marx und Engels nennen den »Kommunismus die wirkliche Bewegung, welche den jetzigen Zustand aufhebt. Die Bedingungen dieser Bewegung ergeben sich aus der jetzt bestehenden Voraussetzung. Übrigens setzt die Masse von bloßen Arbeitern – massenhafte von Kapital oder von irgendeiner bornierten Befriedigung abgeschnittne Arbeiterkraft – und darum auch der nicht mehr temporäre Verlust dieser Arbeit selbst als einer gesicherten Lebensquelle durch die Konkurrenz den Weltmarkt voraus. Das Proletariat kann also nur weltgeschichtlich existieren, wie der Kommunismus, seine Aktion, nur als ›weltgeschichtliche‹ Existenz überhaupt vorhanden sein kann; weltgeschichtliche Existenz der Individuen, d.h. Existenz der Individuen, die unmittelbar mit der Weltgeschichte verknüpft ist.« (MEW 3: 35-36) Der Kapitalismus stellt mit seiner Akkumulationsdynamik den Weltmarkt her, und daher hat auch eine Alternative globale Reichweite.

In der ökumenischen Welt heißt es, dass viele Wege nach Rom führen. In der Welt der Alternativen gilt dies auch: Viele Wege führen zum Kommunismus, und dieser hat viele Gesichter und ebenso viele Namen Die große politische Aufgabe besteht darin, dass diese vielen Gesichter ein menschliches Antlitz tragen und dass dies über alle Gefahren hinweg so bleibt.

Kein richtiges Leben im falschen

Warum die Anstrengung der gesellschaftlichen Veränderung, von der gewiss ist, dass sie mühsam ist und lange dauert? Warum soll man den zermürbenden Streit mit dem Zeitgeist und seinen Verfechtern auf sich nehmen, warum evtl. in Konflikt mit der Staatsgewalt geraten? Dafür, dass dies geschieht, sprechen nicht nur normative Erwägungen über die zukünftige Gesellschaft, heiße sie sozialistisch oder kommunistisch oder auch anders, sondern in der kritischen Analyse der gegenwärtigen Gesellschaft gewonnene Argumente. Denn diese Gesellschaft bietet nicht allen Menschen und zu allen Zeiten die Möglichkeit des guten Lebens in Frieden mit anderen Menschen und mit der Natur. Die Utopie des guten Lebens bleibt daher ein erstrebenswertes Ziel. Die schonungslose Analyse der kapitalistischen Produktionsweise, die Marx als Kritik der politischen Ökonomie betrieben hat, kann aufzeigen, warum und wie die Utopie möglich und daher kein idealistisches Nirwana, sondern konkret, und warum die Realisierung der konkreten Utopie durch gesellschaftsverändernde Praxis notwendig ist.

Die Analyse zeigt, dass der moderne Kapitalismus nicht nachhaltig ist, dass er in den Krisen und Kriegen (selbst)zerstörerisch wirkt, und allenfalls einer Minderheit von Menschen ein gutes Leben ermöglicht. Breite Massen der sieben Milliarden Menschen sind zu einem miserablen Leben gezwungen. Es gibt kein gutes Leben im schlechten und kein richtiges Leben im falschen.

Der Kapitalismus hat in finanzmarktgetriebenen, neoliberalen Zeiten bitter wahr gemacht, was der österreichisch-ungarische Historiker Karl Polanyi (1978) vor mehr als einem halben Jahrhundert im Rückblick auf 200 Jahre kapitalistischer Entwicklung seit der industriellen Revolution als »Entbettung des Marktes aus der Gesellschaft« beschrieben hatte. Die Konsequenz der Unterordnung der sozialen Systeme unter den Markt bedeutet deren Zerstörung. Gleiches geschieht auch der Natur. Mit höchster Markteffizienz werden rücksichtslos Menschen und die Natur ausgebeutet. Übrig bleiben ein »schwarzes Loch« geplünderter Ressourcen, gefüllt mit den Abfällen der »imperialen« Produktions- und Lebensweise und verzweifelte Massen auf der Suche nach einem besseren Leben.

Es ist offensichtlich: Die »Kugelfläche« des Planeten Erde ist begrenzt. So sagt es Immanuel Kant und begründet mit dieser Erkenntnis den »kategorischen Imperativ«. Da es nicht möglich ist, sie über die Maßen auszudehnen oder es den europäischen Siedlern zu Beginn der Neuzeit gleichzutun und statt neuer Kontinente einen neuen Planeten zu entdecken und zu besiedeln, müssen Markt und Kapitalismus gebändigt und an die strengen Grenzen der Natur des Planeten Erde und den moralischen Geboten des guten Lebens angepasst werden. Das ist nicht leicht. Denn sogar mit der Zerstörung des Planeten lässt sich viel Geld verdienen und gegen das Profitprinzip kommt man mit guten Argumenten allein nicht an. Die natürlichen »tipping points«, die »Kipppunkte« der Entwicklung, rücken infolge der ungebremsten kapitalistischen Dynamik immer näher. Es muss noch gelernt werden, dass soziale Entwicklung und die soziale Revolution in der Natur stattfinden und dass die Revolution heute gerade darin besteht, die Gesetze der Natur zu beachten und sie nicht von den Kräften des rücksichtslosen Kapitalismus über den Haufen werfen zu lassen.

Wie kann dies gelingen? Ein »Masterplan« hilft nicht nur nicht weiter, er führt in die Irre. Denn *erstens* findet man wie die Prinzen von Serendip im persischen Märchen nicht immer das, was man sucht, sondern im Gegenteil das, was man gar nicht gesucht hat. Das ist die Serendipität, die zur Alltagserfahrung aller jener gehört, die im Internet browsen. Das war bereits Thema in der Einleitung. *Zweitens* wäre der Plan nichts anderes als die Anwendung einer »top-down«-Philosophie, die in der internationalen Arbeiterbewegung so viel Unheil angerichtet hat: Das Zentralkomitee oder eine Avantgarde beschließen über Weg und Ziel – und alle anderen, die »breiten« Massen folgen. Mit »Avantgarden«, so erneut G.M. Tamás, »meine ich nicht die, die wir in der Geschichte bisher hatten. Nicht leiten, nicht führen, sondern *verführen*, das Andere vorleben«. Die Alternative zum real existierenden und so zerstörerischen Kapitalismus wird also nicht erdacht und zum Prinzip gemacht, dem alle folgen sollten, sondern in kritischer Auseinandersetzung mit der kapitalistischen Realität entwickelt, praktisch erprobt und aktiv und kreativ verbessert – und zwar von denen, die damit umgehen und leben müssen. Das konkret utopische Ziel bleibt: Die »positive Aufhebung des Privateigentums als menschlicher Selbstentfremdung und darum als wirkliche Aneignung des menschlichen Wesens durch und für den Menschen; darum als vollständige, bewusst und innerhalb des ganzen Reichtums der bisherigen Entwicklung gewordene Rückkehr des Menschen für sich als eines gesellschaftlichen, d.h. menschlichen Menschen. Dieser Kommunismus ist als vollendeter Naturalismus = Humanismus, als vollendeter Humanismus = Naturalismus, er ist die wahrhafte Auflösung des Widerstreites zwischen dem Menschen mit der Natur und mit dem Menschen« (MEW, Ergänzungsband, 1. Teil: 536). Der Widerstreit zwischen den Menschen kann nur durch die solidarische Gestaltung von Leben und Arbeit aufgelöst werden, durch die Fortentwicklung aller Ansätze in die Richtung der solidarischen Wirtschaft.

Die Kraft genossenschaftlicher Solidarität

Die wirkliche Bewegung kann nicht erfunden werden, sie ist keine Kopfgeburt, sondern Resultat praktischer Auseinandersetzungen konkreter Individuen unter konkreten historischen Bedingungen. Das zeigt schon ein Blick auf die Genossenschaftsbewegung, die gerade in den Krisen der vergangenen Jahre einen neuen Aufschwung erlebt hat (die folgenden Überlegungen sind ausführlicher dargestellt in Altvater 2012). 800 Millionen Menschen in etwa 100 Ländern sind Genossinnen und Genossen und die Vielfalt in der genossenschaftlichen Arena ist sehr groß (www.ica.coop/al-ica/). Die UNO-Zahlen von den Mitgliedern in Genossenschaften können ebenso als Erfolgsmeldung von der Kraft der Solidarität wie als Indikatoren für die Not in der Welt und den in der Fiskal- und Finanzkrise erzwungen Rückzug des Staates aus gesellschaftlichen Aufgaben gelesen werden.

Das zeigt der Boom von Genossenschaften in Argentinien zu Beginn des 21. Jahrhunderts. Die »dollarisierte« Marktwirtschaft funktionierte nicht mehr, als in der Krise der späten 1990er Jahre die US-Dollars ausblieben, die die Basis des umlaufenden Geldes waren. Denn die mit der Bindung des Peso an den US-Dollar erfolgte Aufwertung der Währung blockierte die Exporte und verbilligte Importe. Die Devisenreserven schmolzen dahin. Die Bewegungen der Land- und Fabrikbesetzungen reorganisierten zunächst spontan und insgesamt erfolgreich Produktion und Verteilung, bis den Besetzungen von sozialen (aber auch territorialen) Räumen eine legale Form durch hoheitlichen Akt, und zwar als Genossenschaft gegeben wurde.

Die »Occupy«-Bewegung aus den USA und aus Frankfurt oder Paris hat also eine lateinamerikanische Vorgeschichte von Bewegungen und Bewegten. Die Bewegung der Landlosen hat das Land in Besitz genommen, die Fabrikbesetzer die Fabriken, die Piqueteros die argentinischen Straßen, die nicht unbedacht so genannten sozioterritorialen Bewegungen die Territorien mit den Bodenschätzen und dem Wasser okkupiert. Es ist also kein Zufall, dass die räumliche Dimension sozialer Bewegungen vor allem in Lateinamerika thematisiert worden ist (vgl. Geiger 2010).

Auch in der europäischen Krise entwickeln sich heute neue solidarische Wirtschaftsformen, Genossenschaften, lokale und internetbasierte Tauschringe, die manchmal von ihren Protagonisten als Vorform einer neuen Gesellschaft verstanden werden. Doch sind sie meistens direkte Maßnahmen gegen die Not der schweren Krise, die sich ja konkret als massiver Verlust von Arbeitsplätzen, als eine oftmals brutale Kürzung von Einkommen und als tiefe Einschnitte bei sozialstaatlichen Leistungen, als Privatisierung von für das Leben der Menschen wichtigen öffentlichen Gütern bemerkbar machen. In Griechenland wäre das Leben für Millionen Menschen noch trostloser, als es als Folge der von der Troika aus IWF, EU und EZB erzwungenen Orgie von Kürzungen bei Einkommen und sozialstaatlichen Leistungen sowieso schon ist, wenn sich nicht genossenschaftliche Bewegungen formieren würden.

In einer Reihe von Ländern Lateinamerikas hat die Bewegung einer »solidarischen Ökonomie« die Unterstützung von Regierungen und von Einrichtungen des politischen Systems gefunden. Wie können genossenschaftliche Produktion und staatliche Verteilung und Umverteilung eine Einheit bilden, zu einem politischen Projekt zusammenfließen? Wie können der nationale Staat, gesellschaftliche Initiativen, Bewegungen, Organisationen im öffentlichen Raum, aber auch in der Produktionssphäre und dann noch im Verein mit globalen Institutionen und Kommunikationsplattformen das zukünftige Gesellschaftsmodell eines »Sozialismus im 21. Jahrhundert« gestalten?

Die Ökonomie des guten Lebens

Der Kapitalismus passt nicht mehr in die Welt von heute, schallt es 2012 aus Davos. Eine »Große Transformation« stünde schon aus ökologischen Erwägungen auf der Tagesordnung, betont der Wissenschaftliche Beirat Globale Umweltveränderungen 2011 (www.wbgu.de/hauptgutachten/hg-2011-transformation/). Das Ende der Geschichte gibt es also nicht, das Ende des Kapitalismus (wie wir ihn kennen) aber sehr wohl. Dann kommt unweigerlich die Frage auf die Tagesordnung, welche Reserven die kapitalistische Produktionsweise besitzt, um Anpassungen innerhalb der kapitalistischen Gesellschaftsformation integrieren zu können. Mit Antonio Gramsci wäre also zu fragen, wie groß seine »transformistische Kraft« ist, um die »Große Transformation«, die der WBGU anspricht, klein genug zu halten, damit sie im Rahmen der kapitalistischen Gesellschaftsformation verbleibt.

Allerdings wird im 21. Jahrhundert auf das alte Erbe der indigenen Bevölkerung Lateinamerikas rekurriert. Die neue Betonung von Solidarität und Kooperation gegen die Konkurrenz wird als eine überraschende »neue Vision« (Barkin/Lemus 2011) wahrgenommen: *Sumak Kawsay*, das »gute Leben« bzw. das »Gut Leben« in »Vielfalt und Eintracht mit der Natur« (so in der Präambel der ecuadorianischen Verfassung von 2008), in einer solidarischen Gemeinschaft von Menschen, die kooperieren anstatt zu konkurrieren, die sich nicht dem individuellen und kurzfristigen Gewinnstreben verschreiben, sondern langfristig und nachhaltig das kollektive Leben gestalten wollen. Die Plünderung des Ressourcenreichtums des Kontinents, die Ausbeutung der Menschen, die Respektlosigkeit gegenüber den indigenen Traditionen, die Missachtung der politischen Souveränität durch die imperialistischen Mächte in den vergangenen Jahrhunderten bis in unsere Tage werden nicht mehr akzeptiert. Entgegen der allumfassenden Kolonisierung als fortgesetzte Inwertsetzung wird eine umfassende Dekolonialisierung angesagt. Das »gute Leben« (buen vivir oder vivir bien) wird in Bolivien und Ecuador als Verfassungsprinzip verankert, und auch in der venezolanischen Verfassung finden sich viele partizipatorische Elemente.

Mehr noch: die Natur wird als eigenständige Rechtsperson, als »pachamama« in der »kosmologischen Ordnung des guten Lebens« (Cortez/Wagner 2012) verstanden. Dieses Verständnis des Mensch-Natur-Verhältnisses überschreitet das rationalistisch geprägte und dann im Kapitalismus in globalisierter Praxis realisierte Modell der Herrschaft über die Natur, der ununterbrochenen Inwertsetzung von Naturressourcen, der Verwandlung von Naturreichtümern aller in den individualisierbaren und in Geld gemessenen und transferierbaren ökonomischen Wohlstand einzelner, die damit glücklich werden können – oder auch nicht.

Der grüne Sozialismus des 21. Jahrhunderts

Der real existierende Kapitalismus, so wie wir ihn kennen, ist am Ende einer Sackgasse der Entwicklung angelangt. Der »Sieg im Kalten Krieg« hat den kapitalistischen Kräften zunächst freie Bahn geschaffen. Das bot den Anlass zum Triumphgeschrei vom »Ende der Geschichte«, weil jenseits der Formen des realen Kapitalismus Alternativen nicht mehr vorstellbar schienen. Doch die Euphorie des Endes der Geschichte währte nicht lange. Denn die Entwicklung führte »alternativlos« immer sichtbarer in die Sackgasse der Krise des gesellschaftlichen Naturverhältnisses, in die Energie-, Klima-, Ernährungskrise – und in die schwerste Finanz- und Wirtschaftskrise in der Geschichte des Kapitalismus. Eine »Große Transformation« steht tatsächlich an.

Doch vieles, was für den Sozialismus des 20. Jahrhunderts zentrale Bedeutung hatte, kann nicht ins 21. Jahrhundert mitgeschleppt werden. Das fossile Zeitalter geht unweigerlich zu Ende. Denn die konventionellen Bestände von Öl, Gas und Kohle sind fast aufgebraucht, Peakoil ist erreicht, Peakgas steht in den nächsten Jahren bevor, Peakcoal ist ebenfalls absehbar. Es gibt zwar nicht-konventionelle Bestände, deren Förderung jedoch sehr hohe ökologische und soziale Kosten verursacht und sehr risikoreich ist. Deepwater Horizon ist ein Menetekel. Polares Öl und erst recht das Öl aus dem Teersand in Kanada und Venezuela können nur mit einem hohen Energieeinsatz und unter Inkaufnahme von immensen ökologischen Zerstörungen gefördert werden. Auch ist nicht gewiss, dass der Energieaufwand zur Förderung der fossilen Energieträger – ganz zu schweigen von den notwendigen Rekultivierungsmaßnahmen – geringer als die geerntete Energie ist (die Maßzahl des Energy Return On Energy Invested ist geringer als 1). Die Atomenergie ist nach Fukushima keine Alternative.

Der Anstieg der Konzentration von Klimagasen in der Atmosphäre ist ein weiteres Argument dafür, dass die Abhängigkeit von fossilen Energieträgern nicht mehr durch die Erschließung neuer Kohle-, Öl- oder Gaslagerstätten überwunden werden kann. Der Übergang zu einem weniger energieintensiven Modus des Wirtschaftens auf der Grundlage erneuerbarer, solarer Energiequellen ist der einzige Ausweg. Der Sozialismus des 20. Jahrhunderts war im Wesentlichen fossil, der des 21. Jahrhunderts kann nur mit Hilfe von Foto- und Thermovoltaik, Wasserkraft, Wind- und Wellenenergie, Biomasse solar, also ökologisch sein – wie umgekehrt auch Ökologen nur ihren Zielen näherkommen können, wenn sie sozialistisch sind.

Der ökologische, grüne Sozialismus aber ist nur möglich, wenn nicht mehr möglichst hohes Wirtschaftswachstum angestrebt wird. Das ist sehr konsequenzenreich. Denn dies bedeutet, dass die »green economy«, der »grüne Kapitalismus« keine Lösung der ökologischen Probleme parat halten. Wenn das Wachstum gedrosselt wird, muss auch die Kapitalakkumulation »entschleunigt« werden. Es müssen weniger Güter für Investitionen und mehr Güter für den Ge- und Verbrauch produziert werden. Die Entwicklung von Technologie und Wissenschaft ist von dieser Richtungsentscheidung betroffen. Auch die Verteilung muss sich dann ändern, und zwar zu Gunsten der Arbeit und zu Lasten des Kapitals. Im 20. Jahrhundert haben die kapitalistische und die sozialistische Rationalität gleichermaßen die Natur und ihre Grenzen von Ressourcenbeständen und Schadstoffsenken nicht wahrnehmen müssen. Die kritischen Marxschen und Engelsschen Ausführungen zur Naturfrage wurden dem Vergessen überantwortet. Im »Systemwettbewerb« galt es, den Sieg zu erringen, und dazu musste das Wachstum gesteigert werden, allerdings auf einem Pfad, auf dem die entwickelten kapitalistischen Nationen einen beträchtlichen Vorsprung hatten und auf dem es ihnen ein Leichtes war, das »Einholen und Überholen« – eine Leitlinie der Politik in den realsozialistischen Ländern nach dem Zweiten Weltkrieg – zu verhindern.

Die Voraussetzung dafür, dass eine kollektive Rationalität zum Zuge kommen kann, ist die kollektive Verfügung über die materiellen Bedingungen des Arbeitens und Lebens, über die Produktionsmittel. Im Sozialismus des 20. Jahrhunderts sollte dies vor allem durch staatliches Eigentum gewährleistet werden. Im grünen Sozialismus des 21. Jahrhunderts aber ist eine größere Vielfalt von Eigentumsformen verlangt: genossenschaftliches Eigentum, das der großen Bedeutung der Genossenschaftsbewegung Rechnung trägt, kommunales und Staatseigentum, das die Bereitstellung von öffentlichen Gütern gewährleistet, Gemeineigentum an der Allmende, auf das weder Private noch der Staat exklusiv Zugriff nehmen können und daher auch traditionelle, indigene Eigentumsformen und Nutzungsweisen angemessen sind. Auch privates Eigentum hat in einer pluralen Ordnung des Eigentums seinen Platz. Es ist notwendig, doch muss man Regeln erlassen, damit es nicht wie Marx in seinen Briefentwürfen an Vera Sassulitsch schreibt, seine »zersetzende« Wirkung entfalten kann.

Die Vorstellung, dies könne durch zentrale Planung verhindert werden und die gesellschaftliche Wirklichkeit ließe sich auf einem Computer abbilden, ist für einen grünen, also solaren, solidarischen und demokratischen Sozialismus des 21. Jahrhunderts nicht angemessen. Denn es werden die vielen Ansätze solidarischen Wirtschaftens, d.h. eine wirkliche und transformatorische Bewegung aus den kapitalistischen Verhältnissen heraus verkannt. Es kann nicht darum gehen, die Ökonomie planerisch zu simulieren, weil dies gar nicht gelingen kann. Und wenn es gelingen sollte, bestimmt der für den Plan eingesetzte Computer Produktion und Konsumtion. Die Planung muss der räumlichen und zeitlichen Reichweite der produzierten und genutzten Güter angemessen sein, und sie muss auf verschiedenen Ebenen und nicht nur zentral oder gar global erfolgen. Das wäre den monokulturellen Plantagen in der industrialisierten Landwirtschaft vergleichbar, in denen ökologische und soziale Vielfalt getilgt worden ist. Deren Bedeutung für die Transformation der kapitalistischen Produktionsweise wird in Marx' Briefen an Vera Sassulitsch hervorgehoben. Nur Diversität sichert die soziale und natürliche Evolution, und Evolution ist der wichtigste Wortbestandteil in dem Begriff der R-evolution.

Literatur

Altvater, Elmar (2005): Das Ende des Kapitalismus, wie wir ihn kennen, Münster

Altvater, Elmar (2010): Der große Krach oder die Jahrhundertkrise von Wirtschaft und Finanzen, von Politik und Natur, Münster

Altvater, Elmar (2012): Genossenschaft und gutes Leben. Der Sozialismus des 21. Jahrhunderts, in: Blätter für deutsche und internationale Politik, Heft 4: 53-64

Altvater, Elmar/Hecker, Rolf/Heinrich, Michael/Schaper-Rinkel, Petra (1999): Kapital.doc – Das Kapital (Bd. 1) von Marx in Schaubildern und Kommentaren mit CD-Rom, Münster (download z.B. bei www.scribd.com/doc/48989044/Altvater-Hecker-Heinrich-Rinkel-Kapital-doc)

Anders, Günther (1956/1992): Die Antiquiertheit des Menschen, 2 Bände, München

Barkin, David/Lemus, Blanca (2011): La Economia Ecológica y Solidaria: Una propusta frente a nuestra crisis, http:///www.sustentabilidaes.org/revista/index.php?

Bonefeld, Werner/Heinrich, Michael (2011): Kapital & Kritik. Nach der »neuen« Marx-Lektüre, Hamburg

Bourdieu, Pierre (2005): Die verborgenen Mechanismen der Macht, Hamburg

Braudel, Fernand (1977): Die lange Dauer, in: Schieder, Theodor und Kurt Gräubig (Hrsg.): Theorieprobleme der Geschichtswissenschaft, Darmstadt: 164-204

Braudel, Fernand (1986): Sozialgeschichte des 15.-18. Jahrhunderts. Volume I-III, München

Brennan, Teresa (2000): Exhausting Modernity. Grounds for a new economy. London/New York

Bruschi, Valeria/Muzzupappa, Antonella/Nuss, Sabine/Steckner, Anne/Stützle, Ingo (2012): PolyluxMarx. Bildungsmaterial zur Kapital-Lektüre, Band 1 (mit CD), Berlin

Burkett, Paul (2009): Marxism and Ecological Economics. Toward a Red and Green Political Economy, Chicago

Canfora, Luciano (2006): Eine kurze Geschichte der Demokratie. Von Athen bis zur Europäschen Union, Köln

Cortez, David/Wagner, Heike (2012): Zur Genealogie des indigenen »Guten Lebens« (»Sumak Kawsay«) in Ecuador, in: Gabriel, Leo/Berger, Herbert (Hrsg.): Lateinamerikas Demokratien im Umbruch, Wien: 167-200

Costa, Mariarosa Dalla/James, Selma (1973): The Power of Women and the Subversion of the Community, http://libcom.org/library/power-women-subversion-community-della-costa-selma-james

Dahrendorf, Ralf (1957): Soziale Klassen und Klassenkonflikt in der industriellen Gesellschaft, Stuttgart
Dath, Dietmar/Kirchner, Barbara (2012): Der Implex – Sozialer Fortschritt: Geschichte und Idee, Frankfurt a.M.
Demirović, Alex (2000): Erweiterter Staat und europäische Integration, in: Bieling, Hans-Jürgen/Steinhilber, Jochen (Hrsg.): Die Konfiguration Europas. Dimensionen einer kritischen Integrationstheorie, Münster
Diamond, Jared (2006): Kollaps. Warum Gesellschaften überleben oder untergehen, Frankfurt a.M.
Eucken, Walter (1959) Grundsätze der Wirtschaftspolitik, Reinbek bei Hamburg
Foster, John Bellamy (2002): Ecology against Capitalism, New York
Foucault, Michel u. a. (1993): Technologien des Selbst, Frankfurt a.M.
Fraser, Nancy (2000): Die Gleichheit der Geschlechter und das Wohlfahrtssystem: Ein postindustrielles Gedankenexperiment, in: Braun, Kathrin/ Gesine Fuchs/Christiane Lemke/Katrin Töns (Hrsg.): Feministische Perspektiven der Politikwissenschaft, München/Wien: 195-215
Fraser, Nancy/Honneth, Axel (2003): Umverteilung oder Anerkennung? Eine politisch-philosophische Kontroverse, Frankfurt a.M.
Friedman, Milton (1976): Kapitalismus und Freiheit, München
Geiger, Margot (2010): Umkämpftes Territorium. Markt, Staat und soziale Bewegungen in Argentinien, Münster
Gesell, Silvio (1920): Die natürliche Wirtschaftsordnung durch Freiland und Freigeld, Rehbrücke bei Berlin (im internet: http://coforum.de/index.php4?Silvio_Gesell)
Görg, Christoph (2003): Regulation der Naturverhältnisse. Zu einer kritischen Theorie der ökologischen Krise, Münster
Gramsci, Antonio (1967): Philosophie der Praxis, Frankfurt a.M.
Gramsci, Antonio (1991ff.): Gefängnishefte. Herausgegeben von Klaus Bochmann und Wolfgang Fritz Haug, 10 Bände, Hamburg
Harvey, David (2005): Der neue Imperialismus, Hamburg
Haug, Frigga (1996): Frauen-Politiken. Hamburg
Haug, Frigga (2009): Ein gutes Leben, in: Freitag vom 15.10. http://www.freitag.de/positionen/0942-haug-gutes-leben-sozialforum-hitzacker
Heinrich, Michael (1999): Die Wissenschaft vom Wert. Die Marxsche Kritik der politischen Ökonomie zwischen wissenschaftlicher Revolution und klassischer Tradition, Münster
Heinrich, Michael (2004): Kritik der politischen Ökonomie. Eine Einführung, Stuttgart
Heinrich, Michael (2008): Weltanschauung oder Strategie? Über Dialektik, Materialismus und Kritik in der Kritik der politischen Ökonomie, in: Alex Demirović (Hrsg.), Kritik und Materialität, Münster: 60-72
Hilferding, Rudolf (1968): Das Finanzkapital, Frankfurt a.M.

Hobsbawm, Eric (1995): Das Zeitalter der Extreme. Weltgeschichte des 20. Jahrhunderts, Wien, München
Holloway, John (2002): Die Welt verändern ohne die Macht zu übernehmen, Münster
Kalecki, Michal (1987): Politische Aspekte der Vollbeschäftigung, in: Ders., Krise und Prosperität im Kapitalismus, Marburg
Kant, Immanuel (1795/1964): Zum ewigen Frieden. Ein philosophischer Entwurf, in: Werke in 6 Bänden, Band V: 191-251, Wiesbaden
Keynes, J.M. (1936): Allgemeine Theorie der Beschäftigung, des Zinses und des Geldes. Ins Deutsche übersetzt von Fritz Waeger [The General Theory of Employment, Interest and Money] 1. Aufl. München/Leipzig 1936; 11. verbesserte Auflage Berlin 2009
Lefèbvre, Henri (1991): The production of space, Oxford
Lenin, W.I. (1917): Der Imperialismus als höchstes Stadium des Kapitalismus. Gemeinverständlicher Abriß, in: Lenin-Werke, Bd. 22: 189-309
Lipietz, Alain (1985): Akkumulation. Krisen und Auswege aus der Krise. Einige methodische Überlegungen zum Begriff der »Regulation«, in: PROKLA 58: 109-137
Luxemburg, Rosa (1913; repr.1966): Die Akkumulation des Kapitals, Frankfurt a.M.
Maddison, Angus (2001): The World Economy – A Millennial Perspective (OECD, Development Center Studies), Paris
Marx-Engels-Werke (MEW), Berlin 1953ff. (alle als MEW: zitierten Texte sind nach dieser Ausgabe zitiert, insbesondere »Das Kapital«, Band 1-3 [MEW 23-25])
Marx, Karl (1857/repr. 1953): Grundrisse der Kritik der politischen Ökonomie, Berlin
Musil, Robert (1978): Der Mann ohne Eigenschaften (Gesammelte Werke, 1). Reinbek bei Hamburg
Paschukanis, Eugen (1966): Allgemeine Rechtslehre und Marxismus (Original: Moskau 1924; dt. 1929, Nachdr. Frankfurt a.M.)
Pogge, Thomas (2010): Weltarmut, Menschenrechte und unsere Verantwortung, in: Horster, Detlef (Hrsg.): Welthunger durch Weltwirtschaft, Weilerswist
Polanyi, Karl (1979): The Great Transformation, Frankfurt a.M.
Poulantzas, Nicos (2002): Staatstheorie, Hamburg
Rachman, Gideon (2012): Nullsummenwelt. Das Ende des Optimismus und die neue globale Ordnung, London/Berlin
Reheis, Fritz (2012): Wo Marx Recht hat, Darmstadt
Schumpeter, Josef A. (1908): Das Wesen und der Hauptinhalt der theoretischen Nationalökonomie, Leipzig
Silver, Beverly (2005): Forces of Labor. Arbeiterbewegungen und Globalisierung seit 1870, Hamburg/Berlin

Silver, Beverly J./Zhang, Lu (2010): China als neuer Mittelpunkt der globalen Arbeiterunruhe, in: PROKLA 161: 605-618
Smith, Adam (1776/1976): An Inquiry into the Nature and Causes of The Wealth of Nations, (repr. 1976, Chicago; dt. Jena 1923 (repr.: Gießen 1973)
ten Brink, Tobias (2008): Geopolitik. Geschichte und Gegenwart kapitalistischer Staatenkonkurrenz, (Westfälisches Dampfboot) Münster
Thompson, Edward P. (1968): The Making of the British Working Class, Harmondsworth
Vinz, Dagmar (2005): Zeiten der Nachhaltigkeit. Perspektiven für eine ökologische und geschlechtergerechte Zeitpolitik, Münster
Wallerstein, Immanuel (1979): The Capitalist World Economy, New York/ Cambridge (Mass.)
Werlhof, Claudia von/Mies, Maria/Bennhold-Thomsen, Veronika (1983): Frauen, die letzte Kolonie. Zur Hausfrauisierung der Arbeit. Reinbek bei Hamburg.